AF216805

ROMEON
VERLAG

Die Revision des Lebens
1. Auflage, erschienen 08-2023

Umschlaggestaltung: Romeon Verlag
Text: Petjo Bangeow
Layout: Romeon Verlag

www.romeon-verlag.de
Copyright © Romeon Verlag, Jüchen

Bibliografische Information der Deutschen Nationalbibliothek:
Die Deutsche Nationalbibliothek verzeichnet diese Publikation in der Deutschen Nationalbibliografie; detaillierte bibliografische Daten sind im Internet über
https://portal.dnb.de abrufbar.

R1489 - rv102

Petjo Bangeow

Die Revision des Lebens

Eine Erzählung über die Selbstlimitation eines Psychotherapeuten

Inhalt

Vorwort

Mit dem Sinn des Lebens befassen sich Menschen seit vielen Jahrhunderten. Aristoteles zum Beispiel sah die Glückseligkeit als die Vollendung eines jeden Lebens. Seither haben sich noch viele weitere Denker, vor allem aus Sicht der Philosophie und der Theologie, damit beschäftigt, eine Formel für ein sinnerfülltes Leben zu finden. Die Antwort ist, es gibt diese Formel nicht. Zumindest nicht *die* Formel.

Es gibt mehrere hunderte, tausende oder vielleicht Millionen von Formeln. Und jede dieser Formeln hat eine individuelle Gültigkeit. Nicht für jeden, aber für irgendjemanden. Der Sinn des Lebens wird mitunter von unserem persönlichen Wertesystem bestimmt. Der eine sieht seinen Sinn darin, seine Kinder gesund und glücklich aufwachsen zu sehen. Der andere sieht seinen Sinn darin, im PS-starken Sportwagen die Nachtklubs von Berlin abzufahren, ohne einen Gedanken daran zu verschwenden, jemals Kinder haben zu wollen. Keiner dieser Lebensentwürfe ist richtig oder falsch. Sie sind für das Individuum, das ihn lebt, gültig. Es gibt allerdings Menschen, die im Laufe ihrer begrenzten Lebenszeit den Sinn ihres Lebens infrage stellen. Das kann zu einer absoluten Erfüllung führen, wenn man den neuen Lebensentwurf als eine Verbesserung der Lebenssituation erlebt. Wenn man sein Wertesystem neu ordnet. Es kann aber auch zu einer Krise führen, weil man ein bis dato glücklich geführtes Leben plötzlich hinterfragt und im Laufe des Prozesses ›kaputtdenkt‹. Dann wurde das bestehende

Wertesystem durcheinandergebracht, ohne eine neue Ordnung bekommen zu haben. Nicht jeder sollte sich also zwingend die Frage nach seinem Sinn des Lebens stellen. Zumal der Sinn des Lebens, analog zur Identität, als ein Konzept verstanden werden sollte. Er wird in einer bestimmten Phase des Lebens entwickelt und auch wieder verworfen, um ein neues Konzept zu entwickeln. Folglich ist der Sinn des Lebens nichts Statisches. Er unterliegt einem dynamischen Prozess. Das was im Leben einer Person sinnstiftend ist, kann sich in den verschiedenen Entwicklungsphasen sehr unterschiedlich darstellen. Mit fünfzehn Jahren erlebt man eine spirituelle Verbundenheit mit der Natur wahrscheinlich als wenig sinnstiftend. Im Alter von vierzig Jahren vielleicht schon. Eine allgemeingültige Antwort auf den Sinn des Lebens, käme also dem Versuch gleich, weltweit und über alle Kulturen hinweg gültige Benimmregeln zu etablieren.

Die Revision des Lebens ist *eine* Erzählung über den Sinn des Lebens. Eine von vielen. Diese Erzählung wird einige, hoffentlich viele Menschen ansprechen. Aber sie wird nicht jeden ansprechen. Dennoch soll sie jeden dazu einladen, sich die Frage zu stellen, ob man über seinen Sinn des Lebens nachdenken möchte. Immerhin eine Frage, die man sich nicht jeden Tag stellt. Es geht in dieser Erzählung auch darum, sich seine Wünsche und Träume in der Gegenwart zuzugestehen, anstatt sie sich für die Zukunft aufzubewahren. Ohne dass wir es wissen, kann die Zukunft nämlich sehr kurz sein.

Diese Erzählung beruht, zumindest in Teilen, auf wahren Begebenheiten, die mir im Laufe meiner Tätigkeit als Psychotherapeut widerfahren sind. Insofern ist sie eine Erzählung, die mich dazu angeregt hat, über mein Leben nachzudenken. Und nun möchte ich sie gerne mit anderen teilen. Und die Erzählung soll Patienten vergegenwärtigen, dass Psychotherapeuten auch etwas von ihnen lernen. Patienten stellen für leidenschaftliche Psychotherapeuten, wie ich einer bin, keine Belastung dar, sondern in den meisten Fällen eine Bereicherung. Sie zeigen uns auf, auf welch eine verblüffende Art und Weise die Seele versucht, durch die Bildung von Symptomen eine Lösung für psychische Belastungszustände herbeizuführen. Quasi wie in einem Überlebensmodus. Ein paranoider Wahn beispielsweise hilft dem Schizophrenen, seinen diffusen, nicht greifbaren Ängsten einen Sinn zuzuschreiben. In dem Moment, in dem er zur Überzeugung erlangt, vom FBI verfolgt zu werden, werden seine zuvor unerklärlichen Angstzustände für ihn logisch und vernünftig. Der Wahn rationalisiert also die Ängste subjektiv und schafft dem Betroffenen einen Handlungskontext. Im Laufe einer Psychotherapie zeigen uns die Patienten dann, wie Menschen sich neue Lösungsstrategien erarbeiten können, die keine Symptome als unerwünschte Nebenwirkungen mit sich bringen. Ist dieser Zustand erreicht, fühlen sich Leute von ihrem seelischen Leid geheilt. Insofern widme ich dieses Buch in zweiter Linie den vielen jungen Menschen, die mir ihr Vertrauen entgegengebracht haben, sie auf einem schwierigen Lebensabschnitt begleiten zu dürfen. In erster Linie widme ich dieses Buch meiner liebsten Frau Niku und meiner liebsten Tochter Elvira, die meinen Sinn des Lebens darstellen.

Dr. phil. Petjo Bangeow

Kapitel 1

Es ist ein kalter Wintermorgen. Punkt 6 Uhr klingelt der Wecker. Wie gewohnt. Dr. Daniels erhebt sich schwerfällig aus seinem Bett. Wieder könnte er sich dafür ohrfeigen, dass er wie jeden Abend zuvor dachte, dass sechs Stunden Schlaf ausreichen würden. Nun ist er einmal mehr eines Besseren belehrt worden. Das Buch war zu spannend, um es zeitiger wegzulegen. Und wann sollte er sonst einmal zum Lesen kommen, wenn nicht spät am Abend? Immer dann, wenn seine Frau Mina neben ihm und seine kleine Tochter Elmira im Zimmer nebenan eingeschlafen waren. Dabei kann er sich glücklich schätzen, dass Elmira mit ihren zwei Jahren schon die meisten Nächte durchschläft.

Viel zu müde, um einen klaren Gedanken fassen zu können, geht er mit leisen Schritten aus dem Schlafzimmer nach rechts den langen Flur ihres Apartments entlang. Er bemüht sich wie immer, seine Mina und Elmira nicht zu wecken. Deshalb bewegt er sich wie auf Eierschalen laufend durch den langen Flur. Ganz am Ende des Flurs liegt das Badezimmer. Dort beginnt die tägliche Routine: Waschen, Zähneputzen, seine Haare zu einem gepflegten Seitenscheitel stylen. Dann direkt aus dem Bad hinüber ins Ankleidezimmer, wo er seine akribisch zurechtgelegte Kleidung für den heutigen Arbeitstag vorfindet. Wie am Abend zuvor von ihm vorbereitet. Eine schwarze Jeans, ein dunkelgrünes Hemd, bei welchem er es pflegt, die Ärmel hochzukrempeln. Wie jemand, der bereit ist, etwas anzupacken. Darüber eine Herrenweste. Zuletzt seine nicht zu übersehende, hochglanzpolierte Armbanduhr und Halbschuhe, die etwas Schickes, aber zugleich etwas Sportliches ausstrahlen. So wie er selbst. Er ist kräftig, aber nicht dick. Er ist sportlich, aber nicht durchtrainiert. Diesen Habitus weiß er in sein sportlich-elegantes Outfit geschickt zu verpacken. Stilvoll, aber nicht spießig. Er hat etwas von einem britischen Gentleman, der dennoch lässig genug rüberkommt, um nicht verklemmt zu wirken.

Leise schreitet Dr. Daniels aus dem Apartment. Als er endlich in seinem Auto sitzt, kann er durchatmen. Er hat Mina und Elmira heute Morgen nicht wach gemacht. Wenn das nämlich passiert, fühlt er sich meist schlecht, weil er weiß, wie es ist, nicht ausschlafen zu können. Wenn es doch passiert, nimmt es Mina mit einem Lächeln hin. »Da kannst du nichts dafür, Peter! Die Schränke und Türen stehen dir halt immer im Weg«, sagt sie dann zu ihm. Nun hat er die rund vierzigminütige Fahrt bis in seine Praxis vor sich. Es ist noch dunkel und die kalte Winterluft Chicagos lässt durch seinen feuchten, warmen Atem die Windschutzscheibe seines Wagens beschlagen. Als er den V8-Motor seines Jaguars startet, dröhnt es aus den Auspuffrohren. Er liebt diesen Klang. Und er liebt dieses Auto. Hier fühlt er sich wie in seinem Wohnzimmer. Alles ist auf ihn abgestimmt.

Entlang des Highways hört er, wie so oft, einen gesellschaftskritischen Podcast. Als Psychotherapeut versteht er sich als ein Denker, der sich mit den großen gesellschaftlichen Fragen auseinandersetzen sollte. Heute geht es um die neue Arbeitskultur in den Vereinigten Staaten. Wie so oft regt ihn die gesellschaftliche Entwicklung auf. Zu viel illegale Einwanderung, eine zunehmende Arbeitslosigkeit und eine zunehmende Frustration unter den Menschen. Dies kriegt er auch in seiner therapeutischen Arbeit mit seinen Patienten zu spüren, welche oftmals schon längst resigniert haben und dem Alkohol und den Depressionen verfallen sind.

Nach einer reichlichen halben Stunde endlich die Abfahrt. Langsam beginnt die Sonne aufzugehen. Die Silhouetten der Umgebung werden langsam sichtbar und somit auch die in der Ferne liegenden Lichter und Gebäude von Naperville. Die Mittelstadt, in die Dr. Daniels seine Praxis verlegte, nachdem die Patienten für ihn in Chicago knapp wurden. Alle wollen in der Großstadt praktizieren. In Naperville konnte er sich aber schnell einen guten Ruf als Therapeut erarbeiten. Er war beliebt bei seinen Patienten und wurde stets von Ärzten, die mit den seelischen Leiden ihrer Patienten überfordert waren, wärmstens empfohlen. Dadurch lief seine Praxis sehr gut und er hatte genug räumlichen Abstand zwischen seinem Wohnort und seiner Praxis, sodass er nach Feierabend fast nie auf Patienten traf, die ihn dann auf der Straße in ein therapeutisches Gespräch verwickeln wollten.

Kurz nachdem er vom Highway abgefahren ist, sieht er bereits die grellen Beleuchtungen der Tankstelle zu seiner Linken und des Schnellimbisses zu seiner Rechten. Von hier ist es nur noch ein Katzensprung bis in seine Praxis, die sich im Untergeschoss einer denkmalgeschützten Villa im neoklassizistischen Stil befindet.

In der Praxis angekommen die gleiche Routine wie immer: Aufschließen, Licht anschalten, über den marmorierten Boden des großen Wartebereiches in die Küche, um die Kaffeemaschine einzuschalten. Während der Kaffee durchläuft, geht er von der Küche in den großen Behandlungsraum. Hier fühlt er sich wie zuhause. Dieser Raum ist im klassisch englischen Stil gehalten. Große Wandgemälde von Sigmund Freud und Jean-Martin Charcot prangen über einem braunen Chesterfield-Sofa, auf welchem seine Patienten ihren Platz finden. Dr. Daniels großer Ohrensessel steht direkt hinter der Kopfseite des Sofas. Er praktiziert noch die gute alte Psychoanalyse, so wie sie eigentlich nur noch von den alten Psychiatern gehandhabt wird. Jene Psychiater, die eigentlich schon längst im Rentenalter sind, aber entweder aus Geldnot oder aus Liebe zu ihrem Beruf weiter praktizieren. Im Vergleich zu diesen Kollegen wirkt Dr. Daniels mit seinen 37 Jahren wie ein blutiger Anfänger. Trotzdem kann er mittlerweile auch auf eine fast zehnjährige Berufserfahrung zurückblicken.

Nachdem er die drei antiken Stehlampen mit ihren Messingständern einschaltet, checkt er seinen Anrufbeantworter. Heute nur zwei Nachrichten.

Ms. Winterfield um 10 Uhr hat abgesagt und Ms. Johnson lässt ihn wissen, dass sie sich vermutlich um einige Minuten zu ihrem Termin um 13 Uhr verspäten wird. Dr. Daniels legt großen Wert auf Pünktlichkeit.

Das macht er seinen Patienten immer wieder deutlich. Aber eine kurze Info vorab, reicht ihm aus, um es als Entschuldigung akzeptieren zu können.

Nun ein kurzer Blick in seinen Terminkalender für heute. Um 8 Uhr kommt Ms. Summer, um 9 Uhr Mr. Boyle ...»Oh je!«, murmelt er vor sich hin. Warum er sich gleich morgens zwei schwer depressive Patienten hintereinander einbestellt hat, bleibt ihm ein Rätsel. Depressive Patienten können für einen Therapeuten manchmal besonders herausfordernd sein. Ihre Hilflosigkeit und Resignation sind oft ansteckend, sodass Therapeuten an ihnen verzweifeln können. Umso wichtiger ist ein Biss in sein Sandwich, was er sich von zuhause mitgebracht hat und eine Tasse heißen Kaffees, bevor Ms. Summer erscheint. Einen knurrenden Magen kann er bei der anstehenden Herausforderung nicht auch noch gebrauchen.

Gerade in der Küche angekommen und sein Frühstück in der Hand, klingelt das Telefon. Er überlegt kurz, ob er es klingeln lassen soll. Er hat seinen Patienten eingebläut, dass sie ihm eine Nachricht auf seinem Anrufbeantworter hinterlassen sollen, wenn er nicht zu sprechen ist. Dann entschließt er sich doch, an seinen Schreibtisch im gegenüberliegenden Behandlungsraum zu gehen, um die Telefonnummer zu checken. »Vielleicht ist es ja wichtig«, flüstert er vor sich her. Die Nummer kommt ihm bekannt vor. Es dürfte die Nummer von Professor Rubinstein sein. Der alte Internist, der mit seinen fast 90 Jahren eigentlich schon längst sein Rentenalter überschritten hat. Als Mann jüdischer Herkunft hatte er damals als kleiner Junge mit seinen Eltern die Flucht vor den Nazis in die USA angetreten und es hier zu einem angesehenen Spezialisten seines Fachs gebracht. Dr. Daniels mochte den alten Greis, der als Jude natürlich auch viel über Freuds Theorien gelesen hatte. Er hebt also ab.

»Herr Professor! Was verschafft mir die Ehre?«

»Guten Morgen, Dr. Daniels! Ich hätte, um ehrlich zu sein, nicht damit gerechnet, Sie so früh schon zu erreichen. Doch die Hoffnung hat wohl triumphiert. Ich hoffe, es ist nicht ungelegen?«

»Ganz und gar nicht, Herr Professor«, wobei er doch lieber in Ruhe sein Sandwich gegessen und seinen Kaffee getrunken hätte.

»Ich brauche Ihre Unterstützung. Ich habe einen jungen Patienten, den ich gerne bei Ihnen vorstellen würde.«

»Was ist daran neu?«, scherzt er lachend. Doch er bemerkt, dass dem Professor nicht zum Scherzen ist.

»Sein Name ist Jeffrey Sinner. Er ist vor geraumer Zeit palliativ erkrankt. Leider konnten durch die bisherigen Behandlungsversuche keinerlei Verbesserungen erzielt werden. Man hatte vor sieben Monaten ein Karzinom in seiner Bauchspeicheldrüse entdeckt, welches zu allem Überfluss im weiteren Verlauf zu streuen begann und andere Organsysteme befallen hatte. Ein Bauchspeicheldrüsenkarzinom an sich kommt quasi einem Todesurteil gleich. Aber wenn es streut … Es gibt keine Hoffnung mehr für ihn, Doktor.«

»Was kann ich für ihren Patienten tun?«

»Ich bin der Ansicht, er sollte in seinen verbleibenden Lebensmonaten psychologisch begleitet werden.

Ich hatte gehofft, dass Sie sich dieser Angelegenheit vielleicht annehmen könnten.«

Dr. Daniels spürt eine innerliche Zurückhaltung in sich aufkommen, die er sonst nicht von sich kennt, wenn es darum geht, schwere Behandlungsfälle anzunehmen.

»Von wie vielen verbleibenden Lebensmonaten reden wir denn?«, fragt er zögerlich.

Für ein paar Sekunden scheint die Verbindung zum Professor unterbrochen. Dann bemerkt er, dass der Alte nur kurz innehält, bevor er ihm antwortet.

»Prognostisch bin ich mir mit den mitbehandelnden Kollegen darüber einig, dass Mr. Sinner vermutlich noch maximal vier Monate bleiben. So ganz genau kann man das nie sagen. Je nachdem wie schnell die gestreuten Tumorzellen voranschreiten und das Ursprungskarzinom weiter wächst, kann es auch deutlich weniger sein.«

Dr. Daniels zögert. Mit Krebspatienten hatte er bis dato kaum Erfahrungen. Er war sich auch schon immer unsicher darüber, ob der psychoanalytische Behandlungsansatz für solche Fälle überhaupt geeignet sei. Aber hier ging es womöglich gar nicht einmal um eine Psychoanalyse, sondern darum, sich eines sterbenden Menschen empathisch anzunehmen. Und die gegenseitige Sympathie, die ihn mit Professor Rubinstein verbindet, erlaubt es ihm nicht, das Anliegen auszuschlagen.

Professor Rubinstein bemerkt, dass Dr. Daniels zurückhaltender als üblich reagiert. »Also, was sagen Sie?«

»Sie können sich auf mich verlassen, Professor. Sagen Sie dem Patienten er kann sich übermorgen um 17 Uhr bei mir in der Praxis vorstellen. Ich werde mir nach meinem letzten Patienten eine Stunde Zeit für ihn nehmen, damit wir uns kennenlernen können und ich mir ein Bild von seiner seelischen Verfassung machen kann. Es ist davon auszugehen, dass er nach solch einer Prognose unter einer ziemlichen mentalen Belastung leidet. Angstzustände und depressive Verstimmungen mit Schlafstörungen sind zunächst einmal annehmbar. Ich melde mich nach dem Termin bei Ihnen, Herr Professor, um mit Ihnen meinen Eindruck zu teilen.«

»Vielen herzlichen Dank, Dr. Daniels! Ich wüsste nicht, was ich ohne Sie tun würde. Ich gebe Mr. Sinner den Termin durch. Falls etwas dazwischenkommen sollte, wird er sich persönlich bei Ihnen melden. Ansonsten bleibt es bei Ihrem Terminvorschlag. Auf Wiederhören, Herr Kollege. Bleiben Sie gesund und bei Trost!«, scherzt der alte Professor.

»Auf Wiederhören, Professor! «

Dr. Daniels legt auf. Sein Sandwich liegt unangerührt vor ihm auf dem Schreibtisch. Die Tasse mit dem lauwarmen Kaffee steht daneben. Er schaut auf seine schicke Armbanduhr.

8.07 Uhr! Mist! Ms. Summer wird schon da sein. Hastig nimmt er noch einen kräftigen Schluck aus der Kaffeetasse und beißt großzügig von seinem Sandwich ab. Dann das Zwicken in seinem Bauch. Er verträgt Kaffee eigentlich nicht so gut. Erst recht nicht auf nüchternen Magen und wenn er unter Zeitdruck steht.

Dann bittet er seine erste Patientin für den heutigen Tag herein. Die mittefünfzigjährige Ms. Summer. Der Arbeitstag hat begonnen.

Kapitel 2

Als Dr. Daniels zwei Tage später während seines Frühstücks in der Praxis seinen Terminkalender für den Tag checkt, fällt ihm auf, dass eine Extraschicht ansteht. Professor Rubinsteins Krebspatient um 17 Uhr. Mist! Er hat Mina vergessen zu sagen, dass er heute später kommt. Das Abendessen muss also auf ihn warten. Als Iranerin ist Mina eine Meisterin des persischen Kebabs. Schnell tippt er ihr eine Nachricht, dass es heute später wird.

Was sagt man einem Menschen, der am Sterben ist? Dessen Zeit sehr bald gekommen ist. Der kaum noch Zukunft vor sich hat und womöglich voller nachvollziehbarer Ängste vor seinem nahenden Ableben ist. Dr. Daniels entschließt sich, die erste Sitzung so zu handhaben, wie er es bei jedem anderen Patienten auch tun würde. Der Patient soll berichten, er beobachtet ihn dabei, leitet das Gespräch durch Fragen in die Richtung, die er für relevant hält. Er hat es sich abgewöhnt, vor dem ersten Kennenlernen Befunde von Kollegen und Kliniken über die Patienten zu lesen. Viel zu hoch ist das Risiko, dass er seinen diagnostischen Blick durch die Meinung anderer beeinflussen lässt. Denn der erste Eindruck hat eine besonders prägende Wirkung. Der *Primacy Effekt* ist eine klassische Falle, bei der man alle weiteren Informationen nur noch im Kontext seines ersten Eindrucks interpretiert. Das kann zu falschen Schlüssen und Fehldiagnosen führen. Deshalb sollen die Patienten in erster Linie berichten. Für Dr. Daniels ist nicht nur entscheidend, *was* sie berichten, sondern auch *wie*. Was verrät die Mimik, die Gestik, die Stimmlage, die Körperhaltung und vor allem, welche Bedürfnisse stecken hinter den Äußerungen der Leute. Und das Ganze ohne unnötige Wertungen vorzunehmen, um den Patienten nicht das Gefühl zu geben, ihre Ansichten oder Empfindungen seien richtig oder falsch. Das ist die große Kunst. Dann fühlen sich Menschen verstanden und beginnen zu vertrauen. Darin ist Dr. Daniels ein Meister geworden.

Doch welche Bedürfnisse hat ein Mensch, der kurz vor seinem Tod steht? Kontrolle? Bindung? Ohne Aussicht auf ein Leben, macht das alles wenig Sinn. Vielleicht am ehesten den Wunsch nach Autonomie, wenn es um den Ort und das Umfeld des eigenen Todes geht. Dr. Daniels merkt, wie er sich bereits gedanklich in diesen bevorstehenden Fall verrennt. Das sieht ihm eigentlich nicht ähnlich. Es scheint, als würde der Fall bereits jetzt etwas mit ihm machen.

Pünktlich um 16.50 Uhr verlässt Mr. Coyle das Behandlungszimmer. Jetzt bleiben noch ein paar Minuten für die Dokumentation der Sitzung des jungen aufstrebenden Bänkers, der bereits jetzt, mit gerade einmal 26 Jahren, seine mentalen Grenzen maßlos überschreitet und einer Erschöpfungsdepression gegenübersteht. Während Dr. Daniels seine Notizen niederschreibt, hört er durch die geschlossene Tür seines Behandlungszimmers, wie der Türschnapper der Eingangstür sein typisches Schnallen von sich gibt. Das muss Mr. Sinner sein.

Als er Mr. Coyles Akte verstaut hat, tritt er vor die Tür, um seinen neuen Fall zu begrüßen. Im Wartebereich sitzt ein junger Mann, dessen jugendlicher Habitus ihn überrascht. Er hat eher einen Mann in den Fünfzigern oder Sechzigern erwartet.

»Mr. Sinner?«, fragt er irritiert.

»Ja, richtig. Professor Rubinstein teilte mir mit, dass ich mich heute bei Ihnen vorstellen kann.« Er lächelt Dr. Daniels freundlich zu.

»Korrekt! Wenn Sie nur im Vorfeld freundlicherweise diesen kurzen Aufnahmebogen ausfüllen würden? Danach können wir gleich beginnen.«

Dr. Daniels überreicht dem jungen Mann ein Klemmbrett mit einem Kugelschreiber und zieht sich so lange in seinen Behandlungsraum zurück.

Kurze Zeit später klopft es an der Tür. Mr. Sinner steht davor. Dr. Daniels nimmt ihm das Klemmbrett mit dem Aufnahmebogen ab. Er schaut auf das Geburtsjahr und rechnet einen Moment still nach. ›19 Jahre alt‹, denkt er sich, während er Mr. Sinner mit einer einladenden Handbewegung hereinbittet.

»Nehmen Sie doch bitte auf der Couch Platz, Mr Sinner.«

Dr. Daniels entschloss sich die Sitzung mit einer offenen, wenn auch naiv anmutenden Frage zu eröffnen. So als ob er keine Ahnung hätte, von der aussichtslosen Situation des Teenagers. Es war wichtig, dass er durch sein Hintergrundwissen, welches er durch das Telefonat mit Professor Rubinstein hatte, den Schilderungen seines Patienten nicht vorgreift.

»Was kann ich für Sie tun?«

»Nun ja, ich bin schwer krank, Doc. Man hat bei mir Bauchspeicheldrüsenkrebs festgestellt, der jedoch nicht mehr unter Kontrolle zu kriegen ist. Jetzt sagen die Ärzte, dass ich nicht mehr lange zu leben habe. Und Professor Rubinstein war der Meinung, dass ich psychologische Hilfe benötigen könnte.«

»Und? Tun Sie es?«

»Verzeihung?« Mr. Sinner schaut ihn irritiert an.

»Psychologische Hilfe. Ob Sie sie benötigen?«

»Ach so! Nun. Ich bin nicht sicher.« Mr. Sinner blickt nachdenklich ins Leere, so als ob er versucht, in sich hineinzuhorchen.

»Lassen Sie es uns gemeinsam versuchen. Wie würden Sie denn Ihren Zustand beschreiben, seitdem Sie von der Schwere Ihrer Erkrankung erfahren haben? Sind Ihnen selbst irgendwelche Veränderungen an Ihnen aufgefallen?«

»Als ich von der Diagnose erfahren habe, fühlte es sich zunächst so … so … unwirklich an. Ich habe nichts verspürt. Keine Angst. Keine Verzweiflung. Nichts! Es war irgendwie so, als ob mir jemand plötzlich die Fähigkeit zu fühlen weggenommen hatte.«

Dr. Daniels notiert sich auf seinem Klemmbrett *Dissoziativer Zustand im Zuge eines Schocks*. Eine recht typische Reaktion der Psyche. Emotionen werden vom Bewusstsein abgespalten, um sich vor heftigen Gefühlszuständen zu schützen.

Mr. Sinner fährt fort. »Erst als ich zuhause angekommen war, überkam mich eine Art Panik.«

»Könnten Sie diese Panik genauer beschreiben? Können Sie die Panik irgendwo körperlich lokalisieren?«

»Ich bekam plötzlich schwer Luft und mein Herz begann zu rasen. Ich begann am ganzen Körper zu zittern und dachte, ich bekomme einen Herzinfarkt. Ich dachte, ich sterbe. So schlimm war das, Doc.«

Dr. Daniels notiert sich auf seinem Klemmbrett *Verzögerte Panikreaktion*. Das passiert nicht selten, wenn das grundlegende Sicherheitsempfinden eines Menschen gestört wird.

»Konnten Sie etwas tun, um das zu stoppen?«

»Nein. Es hörte nach einer Zeit einfach auf. Das ging wahrscheinlich fünf Minuten lang so. Und danach realisierte ich erst, wie es um mich stand. Aber ich hatte noch Hoffnung, verstehen Sie? Ich wusste, dass ich bei Professor Rubinstein beim besten Spezialisten war. Aber als ich vor einer Woche dann die Nachricht bekam, dass dieser Tumor sich vermehrt hatte, kam wieder diese Gefühlsleere zurück.«

Dr. Daniels bemerkte die glasigen Augen des Jungen. Hier war das *Wie*! Was verrät uns die Mimik, Gestik und Körperreaktion eines Menschen?

»Mr. Sinner, es ist offensichtlich, dass dieses Thema sehr schwierig für Sie ist. Ich habe Ihre Tränen nicht übersehen.« Er wollte dem jungen Mann die Sicherheit geben, von ihm wahrgenommen zu werden. »Was glauben Sie, wofür Ihre Tränen sprechen? Handelt es sich hier um Angst, Wut, Traurigkeit … ? Was empfinden Sie gerade?«

»Puh … Sie kommen also gleich mit den schweren Fragen«, scherzt Mr. Sinner und beginnt dabei laut zu lachen.«

Dr. Daniels notiert sich auf seinem Klemmbrett

Spannungsabbau durch Humor. Mr. Sinner versucht, sich offensichtlich vor seinen aufkommenden Emotionen zu schützen. Hier war es wieder. Das *Wie!*

»Es wirkt fast so, als würden Sie versuchen, sich ziemlich schnell Ihren unangenehmen Gefühlszuständen zu entziehen.«

»Wie denn das?«

»Nun, in einer Phase unseres Gesprächs, in der wir uns der emotionalen Grundlage Ihrer Tränen widmen wollten, neigen Sie zu scherzen.«

»Sie haben womöglich recht, Doc. Aber wer fühlt sich schon gern schlecht?«

»Da stimme ich Ihnen zu. Ich wollte damit auch nicht sagen, dass Ihre Reaktion etwa gut oder schlecht wäre.« Hier war es wichtig, keine persönliche Wertung einzubringen, um Widerstände beim Patienten zu vermeiden. »Es ist mir nur aufgefallen und ich fand es erwähnenswert.«

Da Mr. Sinner an dieser Stelle bereits erfolgreich seinen Tränen entflohen ist und Dr. Daniels den jungen Patienten nicht in der ersten Sitzung zu hart mit seinen Emotionen konfrontieren will, entscheidet er sich, weitere Symptome zu explorieren.

»Wie verhält es sich denn mit Ihrem Schlaf?«

»Gut, dass Sie das ansprechen, Doc. Besonders abends kreisen meine Gedanken viel um den Tod. Dadurch liege ich meist stundenlang wach, ohne ein Auge zuzumachen.«

»Stundenlang?«

»Ja, schon mehrere Stunden.«

»Wie viele Stunden?«

»Jetzt wo ich darüber nachdenken muss, fällt es mir gar nicht so leicht, es genau zu sagen. Aber ich würde schon 3 – 4 Stunden schätzen.«

»Und haben Sie eine Idee, warum diese Gedanken Sie so spät abends heimsuchen?«

»Um ehrlich zu sein, habe ich mir darüber noch nie Gedanken gemacht, Doc.« Mr. Sinner blickt ins Leere, um einen Gedanken zu fassen.

»Was tun Sie, wenn Sie merken, dass Sie nicht einschlafen können? Gibt es etwas, das Ihnen hilft?«

»Um ehrlich zu sein, nein! Meist bleibe ich einfach liegen und drehe mich so lange umher, bis ich vor Erschöpfung einschlafe.«

»Haben Sie das Gefühl, dass Sie am Tag darauf dennoch erholt genug sind.«

Mr. Sinner lacht kurz auf: »Hah … ohne den vielen Kaffee würde ich nicht über den Tag kommen. Ich bin meist so müde, dass mir jemand im Vorbeigehen meine Hose klauen könnte, ohne dass ich es bemerken würde.«

Dr. Daniels notiert sich auf seinem Klemmbrett *klinisch relevante Einschlafstörungen durch abendliche Ruminationen*. Er entscheidet sich, an dieser Stelle zu intervenieren. Aus Erfahrung weiß er um die Bedeutung des Schlafs. Chronifizieren sich Schlafstörungen, erschwert das eine Behandlung enorm.

»Mr. Sinner, ich würde Ihnen diesbezüglich gerne einen Rat geben. Das Kreisen Ihrer Gedanken ist ein typisches Phänomen, welches dem geschuldet ist, dass wir abends zu Ruhe kommen und in dieser Phase dazu tendieren, in uns hineinzuhorchen. Dann sind wir am stärksten auf unsere innere Welt gerichtet.«

»Was meinen Sie mit *unsere innere Welt*?«

»Ich spreche von unseren körperlichen Empfindungen, Gedanken und Gefühlen. Das heißt in Ihrem Fall, dass Sie in eine starke Auseinandersetzung mit Ihrer aktuellen Lage geraten, die Sie verständlicherweise ängstigt. Diese Angst versetzt Ihren Körper allerdings in einen Stresszustand. Dadurch werden Stresshormone wie Cortisol in Ihrer Nebennierenrinde ausgeschüttet, die den Körper in einen Alarmzustand versetzen, obwohl er eigentlich zur Ruhe kommen sollte, damit Sie schlafen können.«

»So weit habe ich verstanden. Reden Sie weiter, Doc! Was genau kann ich dagegen tun?« Mr. Sinner sieht ihn hochkonzentriert an, so als ob er die Antwort von seinen Lippen ablesen wolle.

»Es gibt ein paar gute Erkenntnisse aus der Verhaltensforschung. Beachten Sie folgendes. Wenn Sie nach ca. dreißig Minuten merken, nicht einschlafen zu können, stehen Sie auf. Bleiben Sie nicht im Bett liegen. Beschäftigen Sie sich also mit etwas Angenehmen, außerhalb ihres Bettes. Trinken Sie einen Tee, lesen Sie ein Buch oder sonst etwas. Wenn Sie im Bett liegen bleiben, während sie verzweifelt versuchen, einzuschlafen, gerät ihr Körper unter Stress. Das hatten wir schon erörtert. Wenn Sie also liegen bleiben, kann es passieren, dass Ihr Gehirn das Bett zukünftig mit Stress verbindet. Dann kann im schlimmsten Fall allein der Gedanke an das Zubettgehen schon zu Stress führen. Das wird ein Fass ohne Boden. Gehen

Sie erst wieder ins Bett, wenn Sie merken, müde zu sein. Wenn Sie dann wieder nicht einschlafen können, wiederholen Sie das Ganze. Bis Sie ausreichend müde sind und einschlafen.«

»Und was, wenn ich erst morgens um fünf Uhr einschlafe?«

»Dann ist das so. Sie stehen bitte trotzdem zur gewohnten Uhrzeit auf. Das kann bedeuten, dass Sie in manchen Nächten sehr wenig Schlaf haben werden. Aber am kommenden Abend wird sich der Schlafdruck erhöht haben. Sie werden zu erschöpft sein, um in das Gedankenkreisen zu kommen.«

»Das klingt irgendwie ... genial! Aber irgendwie auch nach Folter. Ich wette, ich werde Sie an dem einen oder anderen Morgen sicher verfluchen, Doc.« Mr. Sinner lächelt ihn scherzhaft an.

»Das ist okay, Mr. Sinner. Denn Sie werden es mir im Laufe der Zeit danken.« Dr. Daniels zwinkerte dem jungen Mann freundschaftlich zu. »Ich befürchte unsere Zeit ist für heute abgelaufen. Wie wollen wir verfahren, Mr. Sinner?«

»Ich weiß nicht! Was denken Sie denn?«

»Ich kann das für Sie nicht entscheiden. Prüfen Sie für sich selbst, ob Sie weitere Sitzungen wahrnehmen möchten. Sie sind freiwillig hier. Nur Sie können darüber entscheiden.«

Mr. Sinner blickt wieder in den leeren Raum, um nachzudenken. »Ich glaube, es ist keine schlechte Idee, wenn ich Sie wiedersehe.«

◆◆◆

Dr. Daniels sitzt im Auto und fährt auf den Highway auf. Heimwärts! Die Lichter von Naperville entfernen sich im Rückspiegel. Vor ihm die dunkle Straße. Er mag es, nach der Arbeit im Auto für sich allein sein zu können. Hier kann er sich gedanklich von seinem Arbeitstag verabschieden, ohne seine Patientenfälle mit nach Hause mitzunehmen. Es war wichtig, Mr. Sinner zum Abschluss einen praktischen Ratschlag mitzugeben. Das schafft Vertrauen in die therapeutische Kompetenz. Mr. Sinner ist mit Sicherheit ein besonderer Fall. Er wird den jungen Mann in seinen Tod begleiten. Der Tod ist nicht selten Thema in einer Psychotherapie. Aber wenn es jemanden in unserer greifbaren Umgebung betrifft, dann wird es auch eine unmittelbare Auseinandersetzung mit unserem eigenen Leben und unserem eigenen Tod.

Im Autoradio läuft klassische Musik. Die Goldberg Variationen von Bach. Gespielt vom weltberühmten Pianisten Lang Lang. Klassische Musik senkt die Herzrate und lässt Menschen zur Ruhe kommen. Genau das braucht Dr. Daniels jetzt. An dem heutigen Tag irgendwie mehr denn je.

Zuhause angekommen vergisst er schnell die Last des Alltags. Seine Frau begrüßt ihn liebevoll. Vor Kurzem verlor sie ihren Job als Architektin in einem kleinen Büro in Chicago. Aber durch die Praxis sind Sie finanziell abgesichert. Während Elmira den Kindergarten besucht, schreibt sie tagsüber an ihrer Doktorarbeit, die sie viel Nerven kostet. Elmira spielt jeden Abend das gleiche Spiel, wenn Dr. Daniels nach Hause kommt. Vor lauter Freude auf ihren Vater versteckt sie sich vergnügt quiekend in ihrem Zimmer. Er gibt vor, sie nicht finden zu können, damit sie ihn dann erschrecken kann. Dann fällt sie ihm in seine offenen Arme. Das ist seine Therapie nach der Arbeit.

Dr. Daniels spricht nicht viel über seine Arbeit. Insgesamt spricht er nach einem besonders langen Arbeitstag ungern. Mina hat dafür Verständnis. Obwohl sie sich manchmal mehr Aufmerksamkeit von ihm wünschen würde. Aber ihre Ehe ist intakt und sie versuchen, sich regelmäßig eine Auszeit im gemeinsamen Familienurlaub zu gönnen. Dieses Jahr steht Florida an. Die Vereinigten Staaten verlassen sie so gut wie nie. Obwohl sie schon immer mal nach Europa wollten. Deutschland, Norwegen, Frankreich. Von dort haben sie oft wunderschöne Bilder gesehen. Aber solange wie Elmira noch so klein ist, warten sie noch etwas. Das Leben ist noch lang genug.

Kapitel 3

Das Wochenende ist heilig. Dr. Daniels kann sich in dieser Zeit voll seiner Familie widmen. Obwohl er eigentlich auch an den Wochenenden genug für seine Arbeit zu tun hätte. Befunde und Therapieabschlussberichte schreiben, Steuerunterlagen sortieren usw. Aber er versucht, diese Dinge in jene Zeiträume zu schieben, in denen Elmira ihren Mittagschlaf macht oder nach dem Abendessen im Bett ist. Mina hat dann sowieso mit ihrer Doktorarbeit zu tun. Ansonsten genießt er es, mit Elmira die Zeit draußen zu verbringen, während Mina sich vom Mutterdasein entspannen kann. Er ist bemüht, ein guter Vater, Ehemann und Therapeut zu sein. Er weiß, wie wichtig eine sichere Bindung für die mentale Entwicklung für Kinder ist. Sicher gebundene Kinder vertrauen ihren Eltern, weshalb sie sich auch selbst mehr zutrauen. Sie erkunden stärker die Umwelt und wagen mehr Neues. Dadurch machen sie mehr Erfahrungen, was ihr Selbstbild positiv prägt. Wie etwa ein kleines Erkundungsraumschiff im All, welches sich absolut sicher sein kann, dass sein Mutterraumschiff sich nicht vom Fleck bewegt. Zuverlässigkeit ist das Stichwort. Nur wenn dieses Urvertrauen gegeben ist, traut es sich, tiefer ins Universum vorzudringen und neue Galaxien zu erkunden. Nur so können die Missionen des Erkundungsraumschiffes erfolgreich sein. Ist dieses Urvertrauen gestört, scheitern die Missionen, da sie zu ängstlich und selbstunsicher werden. Anstatt ins Universum vorzudringen, drehen sie immer wieder um, um zu prüfen, ob das Mutterraumschiff tatsächlich noch da ist. Ist es das nicht, stört das die Beziehung.

Er und Mina machen dabei einen guten Job, wie sie finden. Was dadurch zu kurz kommt, ist oft die Zeit füreinander und noch viel mehr die Zeit für sich allein. Er hat sich vor zwei Jahren ein Teleskop gekauft. Das Universum ist etwas, was die Vorstellungskraft eines jeden Menschen sprengt. Eine Lichtgeschwindigkeit von 300.000 Kilometer pro Sekunde. Entfernungen von Milliarden von Lichtjahren. Das macht 9,5 Billionen Kilometer x mehrere Milliarden. Sterne, die einen Radius haben, der die Strecke unserer Sonne bis zum Neptun umfasst. Die Zeit erlaubt es aber leider kaum, sich ausführlich mit dem Teleskop und mit seiner neuen Leidenschaft, dem Universum, zu befassen. Wenn Elmira größer ist, hat er es sich aber vorgenommen. Dann hofft er, sie auch begeistern zu können, für den ein oder anderen Besuch im nahegelegenen Planetarium.

Er hat sich auch ein digitales Mikroskop gekauft. Zu verblüffend ist die Welt der Insekten, die er sich gerne durch sein Mikroskop anschaut und in Fotos festhält. Bienen, die 250 Flügelschläge pro Sekunde machen. Ameisen, die das Vierzigfache ihres Körpergewichts tragen können. Diese kleine Welt widerspricht quasi allen physikalischen Gesetzen. Aber auch das ist in der aktuellen Lebensphase selten realisierbar. Elmira und Mina brauchen seine Aufmerksamkeit und er möchte ihnen diese auch bieten.

Dr. Daniels war mal ein begeisterter Sportler. Das verrät noch seine kräftige Statur, wobei er in den vergangenen Jahren doch deutlich zugenommen hat. Viel zu sehr beanspruchen ihn sein Job und seine Familie, sodass er es sich wenigstens einmal in der Woche erlaubt, nach Feierband nicht direkt nach Hause zu kommen, um ins Fitnessstudio zu gehen. Gerne würde er mal wieder zwei bis drei Mal wöchentlich etwas für seinen Körper tun. Er ist sich aber sicher, dass er irgendwann in der Zukunft wieder mehr Zeit dafür haben wird.

Was er aber am liebsten macht, ist zu lesen. Hierfür kann er sich zumindest abends die Zeit nehmen, wenn alle schlafen. Er liebt die Literatur seines Faches. Oder zumindest alles, was damit artverwandt ist. Psychologie, Soziologie, Philosophie, Medizin und Sozial- und Gesellschaftswissenschaftliches. Aber auch mancherlei Naturwissenschaften wie die Astronomie oder die Entomologie. Das Arbeitszimmer ihres Apartments ist mit einer großen Bibliothek ausgestattet, die im Kolonialstil gehalten ist. Bordeauxrote Tapeten und Vorhänge, braune Chesterfield Sessel aus Rindsleder und antike Schreibtische für ihn und Mina. Eine Bücherwand, die bis hoch an die 3,40 Meter hohe Decke des Zimmers reicht und eine Bibliotheksleiter mit sich bringt, um an die oberen Bücher zu reichen, nimmt eine ganze Wand des Zimmers in Anspruch. Bevor Elmira geboren war, verbrachten er und Mina die meiste Zeit im Arbeitszimmer, um zu lesen und dabei klassische Musik zu hören. Sie lieben die großen Piano-Solisten. Mina selbst spielt auch sehr gerne Piano, weshalb er ihr eines zu ihrem Geburtstag vor fünf Jahren geschenkt hatte. Auch er wollte nach seiner Promotion vor gut drei Jahren eigentlich Pianounterricht nehmen, um es auch zu lernen. Leider lässt die Zeit es kaum zu, es zu spielen.

An diesem Sonntagnachmittag ist es etwas milder. Die Sonne scheint und das Wetter lädt nach draußen ein. Mina, Elmira und er haben entschlossen, den Zoo zu besuchen. Wie so oft ist Dr. Daniels als Erster fertig angezogen. Mina ist noch im Bad und Elmira weigert sich, sich anzuziehen. Solche Autonomiekonflikte zwischen Eltern und ihren Kindern sind normal. Als Psychotherapeut weiß er auch, dass es wichtig ist, Kinder ruhig auch einmal solche Konflikte gewinnen zu lassen, wenn es um nichts Entscheidendes geht. Die Erfahrung zu machen, selbst wirksam für eine Bedürfnisbefriedigung sorgen zu können, fördert das Selbstbewusstsein der Kinder. Aber in solchen Situationen hält er die Wärme im Apartment in seiner Jacke und in seinen Schuhen nicht lange aus, weshalb er schnell zu schwitzen beginnt und an den Rand der Verzweiflung kommt. »Tja, Peter! Ihr Psychotherapeuten seid wohl auch nur Menschen?«, fragt Mina ihn dann oft mit einem schelmischen Grinsen. Dieser Humor ist wichtig für ihre Beziehung, weswegen selten Spannungen entstehen.

Im Zoo angekommen ist die Stimmung ausgelassen. Elmira rennt quiekend vor Vergnügung von einem Gehege zum nächsten, um sich die Tiere anzuschauen. Besonders vernarrt ist sie in die Raubkatzen, die sie zu gerne streicheln würde. Er trinkt einen Eistee, Mina isst ihre Pommes frites. Das sind die Momente, in denen er besonders stolz auf sein Familienleben ist.

Momente, die er genießen kann. Nur der kalte Eistee und die Nascherei aus Minas Pommestüte unterbrechen die Idylle. Gerade so rettet er sich auf die Toilette, um seinen Magen zu beruhigen. Mina und Elmira amüsiert das jedes Mal.

Dr. Daniels ist ein Genießer, wenn es ums Essen geht. Leider überschreitet er dadurch auch oftmals unfreiwillig seine Grenzen.

◆◆◆

Am Abend ist es dann wieder Zeit, um vor dem Schlafen etwas zu lesen. Er liest aktuell gerne Literatur über die Geschichte der Medizin und besonders der Psychoanalyse. Da kommt man um den Urvater der Psychoanalyse, Professor Dr. Sigmund Freud, nicht herum. Heute wird, wie in vielen anderen Wissenschaften auch, über die Vorstellungen und Denkweisen über die menschliche Psyche von damals gelacht. Dabei verstehen viele Leute nicht, dass Freuds Denken in Anbetracht seiner Zeit revolutionär war. Die Tabus der schicken Wiener Gesellschaft zogen vor allem Frigidität nach sich, weshalb es in einer aufgeklärten und freizügigen Zeit wie heute nur absurd wirken mag, gehemmte sexuelle Triebimpulse als Erklärung für psychische Leiden heranzuziehen. Dabei haben sich die Mechanismen, die Menschen damals wie heute seelisch krank machen, nicht bedeutend verändert. Nur die Bedürfniskonflikte sind andere, je nach den kulturellen, familiären und intrapersonellen Bedingungen. Es ist heute auch ein absoluter Verstoß gegen die berufliche Ethik der Psychotherapie, sexuelle Beziehungen zu Patienten zu pflegen. In den Zeiten, in der sich die Psychoanalyse etablierte, wurde in den Kreisen der Fachleute noch darüber diskutiert. Die Affäre zwischen dem Freud-Schüler Carl Gustav Jung und seiner jüdischen Patientin Sabina Spielrein wurde in einigen Büchern und Verfilmungen dargestellt. Sie steht sinnbildlich für die problematische Rollendiffusion eines Therapeuten zwischen Fachmann und Liebesgefährte sowie für die daraus resultierende emotionale Abhängigkeit einer verliebten Patientin. Dabei war es vor allem Freud, der heute noch gerne als Perverser dargestellt wird, der sich gegen sexuelle Beziehungen der Psychoanalytiker zu ihren Patienten aussprach und darüber hinaus auch ernste Gespräche mit Jung über seine Affäre mit Sabina Spielrein geführt haben soll.

Dr. Daniels kennt die traurige Geschichte von Jung und Spielrein in- und auswendig. Spielrein, die später selbst Psychoanalytikerin wurde und als erste Frau, die mit einer psychoanalytischen Arbeit einen Doktortitel erwarb, in die Geschichte einging; sie wurde später mit ihren Töchtern von den Nazis ermordet.

Dr. Daniels legt den Roman über Jung und Spielrein wieder viel zu spät weg, in dem Glauben, dass sechs Stunden Schlaf eigentlich ausreichen dürften.

Kapitel 4

Dr. Daniels steigt morgens in seinen Wagen. Die Kälte hat an diesem Wintermorgen noch einmal zugenommen. Es ist bitter kalt. Ausgerechnet heute fällt die Sitzheizung in seinem Wagen aus. Er kann sich zwar ins Gedächtnis rufen, dass er den Luxus einer Sitzheizung nicht immer hatte und in schwereren Zeiten bei solch einem Wetter mit dem Fahrrad zur Universität fuhr, aber trotzdem ärgert es ihn. Er weiß, dass es vor allem wieder dauern wird, ehe er einen Termin in der Werkstatt seines Vertrauens kriegen wird, um sie reparieren zu lassen.

Gedanklich durchforstet er seinen heutigen Terminkalender. Sein Terminkalender lässt nur selten freie Kapazitäten zu. Und wenn doch, dann sind sofort Kollegen aus anderen medizinischen Fachrichtungen zur Stelle, um einen ihrer Patienten bei ihm vorzustellen. Im Autoradio läuft Jazz. Im Getränkehalter der Mittelarmlehne steht seine Thermoskanne mit frisch aufgebrühtem Tee. Der beruhigt seinen oft zu nervösen Magen. Die Heizung im Wagen läuft auf Hochtouren. Leichter Schneeregen bedeckt die Straße, weshalb er sich heute ein paar Minuten früher auf den Weg in die Praxis macht. Er möchte heute Professor Rubinstein anrufen, um ihm von seinem ersten Eindruck von Mr. Sinner zu berichten.

Als er auf den Hof seiner Praxis fährt, schneit es bereits heftig, sodass der Parkplatz von einer dicken Schneeschicht bedeckt ist. Meist ist er der Erste, der morgens auf den Hof gefahren kommt. Die Steuerberaterin über seiner Praxis und die Anwaltskanzlei im dritten Obergeschoss kommen meist, wenn er schon den ersten Patienten verabschiedet hat. Manchmal fragt er sich, ob er ein Arbeitstier ist. Vielleicht lässt es ihn die Leidenschaft zu seinem Beruf nur nicht spüren, dass er zu viel arbeitet. Aber jedes Mal, wenn er es im Kopf durchrechnet, kommt er zu dem Schluss, dass er, wie jeder typische Amerikaner, einen Nine To Five Job hat. Nur, dass seiner schon um 8 Uhr beginnt und er täglich eineinhalb Stunden über den Highway fahren muss. Hätte er seine Praxis in einer Großstadt wie Chicago, wäre er in der Rush Hour womöglich noch länger unterwegs. Also sieht er seinen Arbeitsweg unkritisch.

Nachdem die ersten Patienten an diesem kalten Tag hinter ihm liegen, greift er zum Telefon und wählt Professor Rubinsteins Nummer.

»Praxis für innere Medizin, Professor Rubinstein. Sie sprechen mit Schwester Betty. Was kann ich für Sie tun?«

»Guten Morgen, Schwester Betty. Hier ist Dr. Daniels. Ist denn Professor Rubinstein gerade zufällig zu sprechen?«

»Hallo, Dr. Daniels. Ich werde gleich einmal nachsehen. In welcher Angelegenheit möchten Sie den Professor denn sprechen?«

»Es geht um einen gemeinsamen Patienten. Mr. Sinner ist sein Name. Herr Professor hat ihn an mich verwiesen und ich wollte mich mit ihm über Mr. Sinner kurz austauschen.«

»Einen Augenblick!«

Während er wartet, schaut er auf sein Smartphone, ob es neue Nachrichten von zuhause gibt. Mina schreibt ihm meistens gegen Mittag, wie ihr Morgen mit Elmira verlief, ob sie freudig oder unzufrieden in den Kindergarten gegangen ist und was ihr Plan für den heutigen Tag ist. Nachdem Mina Elmira im Kindergarten abgegeben hat, macht sie meist einen kurzen Spaziergang durch den naheliegenden Park. Zuhause macht sie dann Yoga, bevor sie sich an ihre Doktorarbeit setzt.

»Guten Morgen, Herr Kollege!« Die Stimme des alten Professors reißt ihn aus seinen Gedanken an zuhause. »Schön, von Ihnen zu hören.«

»Hallo, Herr Professor. Ich danke Ihnen für Ihre Zeit. Ich möchte gar nicht lange stören. Ich wollte Ihnen nur kurz von Mr. Sinner berichten.«

»Ich bin gespannt. Wie lief es denn?«

»Um ehrlich zu sein, war ich ziemlich überrascht über sein Alter. Ich habe mit einem deutlich älteren Mann gerechnet.«

»Oh ja! Habe ich Ihnen das gar nicht erzählt!? In der Tat ist er außergewöhnlich jung. Durchschnittlich erkranken Männer sowie Frauen in ihren frühen bzw. späten Siebzigern an einem Pankreaskarzinom.«

»Ich habe es ja bis dato für so ziemlich unmöglich gehalten, dass Heranwachsende so etwas erleiden können.«

»Nun, wissen Sie, Dr. Daniels, man kennt bestimmte Risikofaktoren, die eine solche Erkrankung begünstigen können. Ob jemand ein Karzinom entwickelt oder nicht, weiß man nie. Es ist wie mit so vielem. Manch einer kann sein ganzes Leben lang rauchen, viel Alkohol konsumieren und an extremem Übergewicht leiden. Und nichts! Ein anderer macht nichts von dem und erkrankt schwer. Lediglich das Risiko ist unterschiedlich hoch oder niedrig. Aber, was haben sie denn für einen Eindruck von dem jungen Herren?«

»Er hat eine gute Introspektionsfähigkeit, wie ich glaube.«

»Das heißt in meiner Sprache?«

»Er ist offenbar gut in der Lage, eigene Befindlichkeiten, Wahrnehmungen, Gedanken und Gefühle zu erfassen. Solche Leute sind dadurch meist gut in der Lage eigene Schlüsse und Erkenntnisse aus ihrer Analyse zu ziehen. Das ist eine gute Voraussetzung für eine Psychotherapie.«

»Das klingt doch wunderbar.«

»Ja, das ist es. Ich frage mich nur, wie viel Zeit uns für die gemeinsame Arbeit bleibt? Es ist doch gut möglich, dass er von den vier Monaten, von welchen Sie ausgehen, noch einige Zeit ans Bett gefesselt sein wird, oder? Ich meine, er wird eventuell nicht bis zum Ende agil genug sein für regelmäßige Termine in meiner Praxis.«

»Das ist gut möglich, Herr Kollege. In etwa zehn Tagen kommen die neuen Werte von Mr. Sinner. Dann kann ich Ihnen zumindest einen weiteren Lagebericht nennen.«

»Das klingt gut! Dann warte ich auf Ihren Anruf.«

»So machen wir es, Doktor Daniels. Eine schöne Restwoche Ihnen!«

»Ihnen auch! Bis bald und bleiben Sie gesund!«

◆◆◆

Dr. Daniels letzte Patientin an diesem Tag ist eine junge Frau in ihren späten Zwanzigern. Sie erscheint heute zu ihrem Erstgespräch und ist ganz offenbar nicht ganz freiwillig da. Sie kann ihre Abneigung darüber, bei einem Psycho-Doc zu sitzen, kaum verbergen. Zwar sagt sie gar nichts, aber genau das ist das Problem. ›Man kann nicht **nicht** kommunizieren‹, lautet ein berühmtes Zitat des Philosophen und Psychoanalytikers Paul Watzlawick. Indem sie auf die ersten Fragen von Dr. Daniels mit einer störrisch anmutenden Haltung reagiert, drückt sie ihm ihren Widerstand aus. Sie kommuniziert also durch ihre Mimik, Körperhaltung und vor allem durch ihr Schweigen.

Dr. Daniels hat aber bereits Erfahrungen mit solchen Fällen und weiß, worauf es jetzt ankommt. Oftmals stecken hinter einer solchen Abwehrhaltung der Patienten Ängste. Sie haben bereits zu oft Kritik für ihr Verhalten und ihre Gefühlsausdrücke sowie Missverständnis für ihre Symptome erfahren. Sie haben oftmals Angst, von dem Psychotherapeuten in gewohnter Weise kritisiert oder nicht ernstgenommen zu werden. Deshalb stellen sie diesen ab dem ersten Moment vor einen Beziehungstest. Dr. Daniels besteht diese meist mit einer Bestnote. Dabei ist es zunächst wichtig, sich mit den Patienten auf eine subtile Art und Weise zu solidarisieren. Meist bekommt man darauf bereits erste non-verbale Reaktionen, wie ein

Nicken oder Schulterzucken, die man aufgreifen sollte. Die Patienten merken an dieser Stelle meist noch gar nicht, dass sie sich bereits an dem Gespräch beteiligen. Im letzten Schritt gilt es, sie in ihren Schilderungen uneingeschränkt zu bestätigen, um einen Beziehungskredit einzufahren. Dr. Daniels hat also eine klare Struktur für das Gespräch im Kopf und macht sich ans Werk.

»Ms. Corney, ich habe das Gefühl, dass Sie nicht hier sein wollen. Und ich frage mich, warum sie doch gekommen sind.«

Die junge Frau zeigt keinerlei Regung. Sie starrt mit ernster Miene vor sich auf den Boden und hat ihre Arme vor ihrem Körper verschränkt.

»Sind Sie denn von jemanden dazu gezwungen worden, heute zu mir zu kommen oder sind Sie doch freiwillig hier?«

Schweigen!

Er führt mit ruhiger Stimme und einer gelassenen, aber einer ihr zugewandten Sitzhaltung weiter aus.

»Wissen Sie, es passiert mir immer wieder, dass Leute zu mir geschickt werden, ohne dass sie es wollen. Ich lege aber selbst hohen Wert darauf, dass niemand dazu gezwungen wird, einen Therapeuten aufzusuchen. Das ergibt überhaupt keinen Sinn. Wenn derjenige, der sie dazu gezwungen hat, heute hierher zu kommen, ein Problem mit Ihnen hat, dann sollte er vielleicht lieber selbst einen Termin für sich bei mir ausmachen.«

Ms. Corney schaut ihn für einen kurzen Augenblick prüfend an. Sie kommuniziert bereits mit ihm, ohne dass sie es weiß.

»Wollen Sie mir vielleicht sagen, wer Sie zu so etwas zwingt? Dann rufe ich ihn an, um ihn zur Rede zu stellen.«

Ms. Corney schüttelt kurz den Kopf. Das war eine klare Antwort. Klar deshalb, weil sie keinen Interpretationsspielraum bietet, wie etwa ein Blick. Sie hat ihm unmissverständlich mit einem *Nein* geantwortet und begibt sich dadurch auf die nächste Stufe der Konversation mit ihm.

»O. k., ich habe ihr *Nein* verstanden. Aber mich regt so etwas auf, wissen Sie!? Sie müssen nun hier sitzen und Ihre Zeit vergeuden. Ich meine, Sie hätten doch in dieser Zeit sicher etwas Besseres vorgehabt, oder etwa nicht?«

Sie nickt ihm zustimmend zu. Das ist ein unmissverständliches *Ja*.

»Das glaube ich Ihnen aufs Wort. Wonach wäre Ihnen denn heute lieber gewesen, anstatt sich hierher zu begeben?«

Sie zuckt kurz mit den Schultern. Nach einigen Sekunden sagt sie mit monotoner Stimme: »Wahrscheinlich wäre ich mit meiner Freundin später etwas trinken gegangen.«

»Gibt es denn in Naperville dafür gute Lokalitäten?«

Sie schaut ihn etwas überrascht an. »Natürlich. Da wäre zum Beispiel das *Zyrp*. Kennen Sie das etwa nicht?«

»Nein, ich komme gar nicht von hier. Ich kenne diesen Ort eigentlich ab der Ausfahrt des Highways bis in meine Praxis.«

Etwas Persönliches von sich preiszugeben, schafft

Vertrauen, aber als Therapeut sollte er nicht zu viel von sich offenbaren. Deshalb schließt er sofort eine Gegenfrage an. Das Prinzip ist einfach: Derjenige der die Fragen stellt, hat die Führung über das Gespräch.

»Und Sie? Sind Sie in Naperville geboren?«

»Ja, deshalb kenne ich mich hier bestens aus. Meine ganze Familie stammt von hier. Meine Brüder leben aber mittlerweile drüben in Chicago.«

»Und Ihre Eltern?«

»Die leben noch hier in Naperville.« Dr. Daniels merkt, dass sich ihre Tonlage leicht verbissener anhört, als bis gerade eben.

»Haben Sie ein gutes Verhältnis zu ihren Eltern?«

»Eigentlich nicht so sehr. Sie gehören zu dem Typ von Leuten, denen man es nie recht machen kann. Sie sind auch diejenigen, die wollten, dass ich heute zu Ihnen komme.«

»Warum wollen sie das?«

»Sie meinen, ich trinke zu viel. Jedes Mal, wenn ich mir nach meinem Feierabend ein oder zwei Gläschen Wein gönne, gibt es Diskussionen. Geschweige denn, ich gehe mit meiner Freundin aus, um zu feiern.«

Hier ergibt sich für ihn die erste Gelegenheit, sich mit ihr leicht zu verbünden, um ein *Wir-Gefühl* zu schaffen.

»Was ist denn das Problem dabei, wenn jemand in Ihrem Alter feiern geht?«, fragt er mit einer gespielten Naivität.

»Das wüsste ich auch gerne. Sie sagen, ich komme zu oft betrunken nach Hause und hätte meinen Alkoholkonsum nicht mehr im Griff.« Sie redet sich leicht in Rage und merkt nicht mehr, dass Dr. Daniels das Eis zwischen ihr und ihm schon längst gebrochen hat.

»Was meinen die denn mit *zu oft*?«

»Na, an den Wochenenden. Unter der Woche kam es mal vor, dass ich mich abends mit meiner Freundin verquatscht habe und dann haben wir etwas übertrieben.«

»Übertrieben?«

»Zu viel getrunken. Sodass ich morgens nicht aus dem Bett kam, um zur Arbeit zu fahren. Aber glauben Sie mir, das war auch besser so.«

»Hm … das klingt sehr verantwortungsvoll von Ihnen dann lieber nicht zur Arbeit zu fahren.« Er nimmt bewusst ihren Standpunkt ein. Es leuchtet ihm ein, dass sie sich unverantwortlich verhält, wenn sie durch das Trinken zu verkatert ist, um zur Arbeit zu gehen.

»Komisch, dass Sie das nach so kurzer Zeit erkennen, dass ich verantwortungsvoll bin. Meine Eltern sehen so etwas nie. Im Gegenteil! Sie sagen ich sei unreif und ich würde allein nie zurechtkommen.«

»Fühlen Sie sich von Ihren Eltern bevormundet?«

»Ja, exakt!«, sie richtet den Zeigefinger bestätigend auf ihn. »Danke, dass Sie das aussprechen. Das ist die richtige Beschreibung dafür.«

Ms. Corney ist gelandet. Ihre Angst, kritisiert zu werden, ist dahin. Erst im Laufe der kommenden Sitzungen, wenn die therapeutische Arbeitsbeziehung stabil genug ist, wird er beginnen, ihre Haltung zu ihrem Alkoholkonsum vorsichtig zu hinterfragen. Ob man einen Menschen erreicht oder nicht, ist eine Frage der Beziehungsqualität. Erst, wenn Menschen spüren, nicht verurteilt oder vorschnell kritisiert zu werden und wenn der Beziehungskredit groß genug ist, sind Sie bereit, sich jemandem emotional zu öffnen und sich durch den anderen hinterfragen zu lassen. Dafür sollte man als Therapeut sein eigenes Wertesystem weitestgehend außen vor lassen. Menschen haben viel zu oft Angst, sich angreifbar zu machen, wenn sie anderen etwas von ihren seelischen Verletzungen erzählen. Vielleicht sogar zurecht. Deshalb sollten wir jede Träne, die eine Person in unserer Gegenwart vergießt, als Vertrauensbeweis verstehen. Wir alle neigen dazu, Menschen für ihr Verhalten zu verurteilen, wenn es gegen unsere moralischen Prinzipien verstößt. Dabei wissen wir meist nichts über die Motive hinter den Verhaltensweisen. Es sollte einen Unterschied machen, ob jemand aus Habgier stiehlt oder aus Gründen von Armut, die durch Krankheit oder durch die Habgier anderer entstanden ist. Was wir nur sehen, ist, dass der Mensch stiehlt. Deshalb müssen wir ins Gespräch mit unseren Mitmenschen kommen. Hinter jeder Weltanschauung, hinter jedem Menschenbild steckt eine individuelle Geschichte. Diese möchte Dr. Daniels hören. Diese machen jeden Patienten zu einem besonderen Fall.

◆ ◆ ◆

Auf dem Heimweg geht es in dem heutigen Podcast um die gesellschaftliche Entwicklung. Die Fachleute in dem Podcast beschreiben die Gesellschaft als so gespalten, wie noch nie zuvor. Politiker polarisieren, hetzen Menschen gegeneinander auf und schaffen Feindbilder. Und es funktioniert! Es funktioniert auf so vielen verschiedenen Ebenen in dieser Zeit. Klimawandel, Corona-Pandemie, Waffenlieferungen für Kriege, Transgender … In Deutschland, so wird im Podcast berichtet, entwickle sich eine gesellschaftliche Dynamik, in der einige Leute eine geschlechterneutrale Systematik der Sprache fordern. Wenn innerhalb eines Landes Uneinigkeit über so etwas Fundamentales wie die Sprache herrscht, so lassen sich wohl kaum die wirklich großen Herausforderungen dieser Zeit bewältigen.

Die großen Gewinner einer solchen gesellschaftlichen Situation werden hohe politische Amtsinhaber bleiben. Ein uneiniges Volk stellt die Machtposition eines Präsidenten sicher, da sich immer ein gewisser Anteil der Gesellschaft auf den einen Pol positionieren wird, welchen der Präsident bedient. Der andere Anteil der Menschen wird medial diskreditiert und weitestgehend ›unschädlich‹ gemacht. Die Kunst, eine Präsidentschaft innezuhalten, besteht vermutlich in dem Geschick, die Interessen von Lobbyisten an die Mehrheit der Bevölkerung zu verkaufen. Dabei ist es nicht wichtig, ob die Dinge, die man den Leuten verkauft, der Wahrheit entsprechen. Es ist wichtig, sie durch manipulatives Geschick als Wahrheit zu konstruieren. Man weiß aus der Sozialpsychologie, dass der sogenannte *Wahrheitseffekt* die gedankliche Wahrnehmung der Menschen beeinflussen kann. Dabei werden Dinge, die man immer wieder hört, schneller als wahr beurteilt, als Dinge, die man zum ersten Mal oder nicht so oft hört. Das heißt, wenn Medien einen Sachverhalt in ihrer Berichterstattung wiederholt in den Vordergrund stellen, dann wird er stärker als die Wahrheit empfunden. Somit können Medien als eine ultimative Waffe genutzt werden, um die Wirklichkeitskonstruktion der Menschen zu beeinflussen. Dieser Umstand dürfte vor allem für staatliche Medien von Interesse sein. Denn somit kann man eine ganze Nation zu Kriegsverbrechern erklären oder den Menschen das Gefühl geben, dass sie durch ihre Alltagssprache, die jahrzehntelang einen gesellschaftlichen Konsens darstellte, andere Menschen plötzlich diskriminieren. Entscheidend dafür ist, Leute dazu zu bringen, dass sie ihren eigenen Werte- und Moralvorstellungen nicht mehr trauen können. Umfragen sind dafür ein geeignetes Mittel. Umfragen, die Zahlen präsentieren. Zahlen werden am stärksten als eindeutige Fakten wahrgenommen. Sie sind das, was Menschen am meisten überzeugen. Dabei können sie trügerisch sein. Jeder Wissenschaftler weiß, dass es wichtig ist, etwas darüber zu erfahren, wie Zahlen erhoben wurden.

Wenn ich Menschen auf einem Supermarktparkplatz danach befrage, ob Autos als Verkehrsmittel eine Zukunft haben, dann werde ich mit hoher Wahrscheinlichkeit mehr zustimmende Antworten erhalten, als wenn ich die gleiche Umfrage unter Menschen durchführe, die sich in einer Fußgängerpassage für Umweltschutz engagieren. Solch eine Verzerrung wird in der Wissenschaft als ein *Selektionsbias* bezeichnet.

Des Weiteren ist es wichtig zu erfahren, mit welchen statistischen Methoden die Berechnungen vorgenommen wurden, um nachvollziehen zu können, ob das benutzte Rechenmodell auch eine zuverlässige Aussage über die Zahlen zulässt. Prinzipiell schafft man mit einer Studie auch keine Wahrheiten, auch wenn Politiker und Wissenschaftsjournalisten das gerne so verkaufen. Man kann mit einer Studie lediglich belegen, dass man unter der Verwendung einer bestimmten Methode eine vorher entwickelte Hypothese bestätigen konnte oder nicht.

Ohne eine Nachvollziehbarkeit darüber, wie die Zahlen zustande kommen, wird der Gesellschaft also verkündet, dass über 90 % der Menschen in den Vereinigten Staaten für eine bestimmte Sache sind. Dabei kann diese Sache so absurd sein, wie es nur geht. Dann lässt sich sogar Krieg mit Vernunft begründen. Die Menschen vor den Fernsehgeräten werden sich so fühlen, als ob nur einige wenige, einschließlich sie selbst, den Sinn in dieser Absurdität nicht erkennen. Sie werden ihrer Intuition nicht mehr trauen und beugen sich irgendwann dem zunehmenden Konformitätsdruck, d. h. sie nehmen eine zustimmende Haltung ein, obwohl sie eigentlich nicht dazu stehen.

Als Dr. Daniels den Stimmen aus dem Podcast interessiert lauscht, fällt ihm dazu ein psychologisches Experiment von Leon Festinger und James Carlsmith aus den späten sechziger Jahren ein, in welchem bei den Versuchspersonen eine sogenannte *Kognitive Dissonanz* hervorgerufen wurde. Das beschreibt einen Zustand, bei welchem Menschen ihrer eigenen Intuition nicht mehr trauen können. Um diesen unangenehmen Zustand aufzulösen, neigen sie dazu, sich selbst einzureden, dass etwas einer Tatsache entspricht, obwohl es ursprünglich ihrer Intuition widersprach. Und da Menschen ungern Fehler begehen, schließen sie sich schneller einer Mehrheitsmeinung an.

Dr. Daniels verlässt gedanklich den Podcast, der im Hintergrund seiner Gedanken weiterläuft. Er führt den Gedanken zur *Kognitiven Dissonanz* weiter. Menschen schließen sich einer Mehrheitsentscheidung an, da es eine evolutionäre Angst in ihnen anspricht. Die Angst von der Gemeinschaft verstoßen zu werden. Soziale Isolation bedeutete in den Urzeiten den sicheren Tod. Menschen bildeten Gemeinschaften, um sich vor der Wildnis zu schützen, Jagderfolge zu erhöhen und den Fortbestand der eigenen Spezies sicherzustellen. All das ist in unserer heutigen Zeit nicht mehr nötig. Wir haben Großstädte, in denen kein Platz für wilde Tiere ist. Wir haben ein Nahrungsangebot in Übermenge. Und wir haben eine stetig wachsende Bevölkerung, die global sogar zur Ressourcenknappheit führt. Aber die evolutionäre Angst vor dem Verstoßenwerden ist auch in unserem modernen Gehirn weiterhin verankert, weshalb Menschen dazu tendieren mit dem Strom zu schwimmen.

Um dem Effekt der *Kognitiven Dissonanz* standhalten zu können, braucht es selbstsichere Menschen. Menschen, die einerseits bereit sind, sich kritisch mit ihrer Haltung auseinanderzusetzen, ohne sich andererseits aber einer suggerierten Mehrheitsentscheidung blind zu beugen. Aber wo sollen diese Menschen herkommen? Eine rasant wachsende Anzahl von Teenagern ist sich nicht einmal mehr über ihr Geschlecht sicher. Das Identitätskonzept vieler Teenager basiert auf dem, was ihnen im Fernsehen und in den sozialen Medien präsentiert wird. Eine vorgefertigte Welt voller Manipulationen und Widersprüchen, die sie in einem Spannungsfeld zerreißen.

Dr. Daniels macht sich manchmal Sorgen darüber, in was für einer Welt seine kleine Elmira groß werden wird. Krisen scheinen präsenter denn je. Existenzen scheitern an diesen Krisen. Ob Menschen an Krisen kaputt gehen oder nicht, hängt vor allem von ihrer *Resilienz* ab. Damit ist eine mentale Widerstandfähigkeit gemeint. Deshalb ist es ihm wichtig, dass Elmira in stabilen Familienverhältnissen aufwächst. Stabile familiäre Beziehung lassen Kinder sich sicher eingebunden fühlen. Kinder lernen durch Bindung Misserfolge zu überwinden. Zum einen, weil sie die familiäre Einbindung als sicherheitsbietend erleben. Zum anderen, weil ihr Selbstbild nicht so stark von Misserfolgen negativ beeinflusst wird. Sie lernen, Probleme und Krisen zu lösen und werden somit weniger anfällig für psychische Krankheiten. Dafür ist Dr. Daniels bereit, sich derzeit selbst zu vernachlässigen. In dieser Phase seines Lebens kann es nicht um ihn gehen. Jetzt ist die Zeit für Elmira, der er sich als verantwortungsvoller Vater widmen möchte. In dem Moment verlässt er den Highway. Bald ist er zuhause.

Kapitel 5

Einige Tage später fährt Dr. Daniels morgens auf den Hof seiner Praxis. Es ist etwas milder an diesem Spätwintermorgen. Sein Terminkalender ist an diesem Tag wieder besonders voll. Er liebt seine Arbeit. Aber manchmal fragt er sich, ob er nicht zu viel arbeitet. Er weiß mit Gewissheit, dass er mehr Patienten in seiner Praxis behandelt, als die meisten seiner Kollegen. Oft wird er von diesen gefragt, ob ihm das nicht zu belastend sei oder ob er sich nicht manchmal mehr Zeit für sich wünsche. Mehr Zeit für sich wünscht er sich manchmal schon, aber er sieht es aktuell als wichtiger an, sich nach der Arbeit seinen Pflichten als Familienvater zu widmen. Seine Praxis ist voll mit Menschen, die von ihren Vätern vernachlässigt oder gar verlassen wurden. Menschen leiden unter dem Gefühl einer Person nichts zu bedeuten, der sie eigentlich wichtig sein müssten und der sie gegenüber oftmals noch eine natürliche Sehnsucht verspüren, die aber zu oft von Wut und Enttäuschung überschattet wird. Deshalb sind sie sich ihrer Sehnsucht in der Regel auch nicht bewusst. Das ist als ein psychologischer Schutzmechanismus zu verstehen. Wut ist leichter zu handhaben als Sehnsucht, der man machtlos gegenübersteht. Wut kann man gegen jemanden oder etwas richten. Sehnsucht muss man aushalten und lernen zu akzeptieren. Man kann also bei Sehnsucht kaum selbstwirksam sein.

Dr. Daniels möchte nicht, dass Elmira unter solchen Umständen groß wird. Er weiß, dass hinter seiner aufopferungsvollen Art als Vater und Ehemann nicht nur seine Selbstlosigkeit steckt, sondern vor allem auch seine unfassbar große Angst, ein schlechter Vater zu sein. Viel zu oft hat er sich darüber schon Gedanken auf einem seiner langen Heimwege gemacht, als dass er das nicht reflektieren könnte.

In der Praxis angekommen sieht er, dass er eine neue Nachricht auf dem Anrufbeantworter hat. Vielleicht hat jemand für heute abgesagt und er hat ein wenig Zeit, sich dem Papierkram zu widmen. Deshalb hört er die Nachricht gleich ab.

»Guten Morgen, Herr Kollege. Hier spricht Professor Rubinstein«, ertönt die Stimme des Alten. »Ich wollte Sie sofort über den neuesten Stand bezüglich Mr. Sinners Gesundheitszustand informieren. Leider mussten wir feststellen, dass das Karzinom weiter rasant wächst und auf die angrenzenden Organe drückt. Ich kann Ihnen das, wenn Sie möchten, noch einmal persönlich genauer erklären. Ich wollte Sie nur sofort informieren, weil Sie die Therapie mit Mr. Sinner etwas planen müssen, wie sie sagten. Mr. Sinner wurde darüber von mir in einem persönlichen Gespräch schon informiert. Er wirkte recht gefasst, aber was wirklich in ihm vorgeht, können Sie mir vielleicht bei nächster Gelegenheit besser sagen. Ich wünsche trotz der schlechten Nachricht einen guten Tag. Auf Wiederhören!«

Das Telefon verstummt. Dr. Daniels lässt das eben Gehörte kurz auf sich wirken. Tragisch! Das ist sein erster Gedanke. Aber als jemand, der sich von den Schicksalen seiner Patienten gut distanzieren kann, lässt er sich davon emotional nicht berühren. Er weiß, dass er nichts für den jungen Mann tun kann, um diesen am Leben zu erhalten. Das akzeptierte er von der ersten Minute an. Um aber noch etwas für ihn tun zu können, sollte er für ihn nun ein Fels in der Brandung sein. Jemand, der seine emotionale Last mittragen kann. Besonders heute Nachmittag, wenn Mr. Sinner zur nächsten Sitzung kommt.

◆◆◆

Es ist Nachmittag. Dr. Daniels befindet sich in der Sitzung mit Mr. Ivanov. Der gebürtige Bulgare verlor vor über zwei Jahren seine Frau bei einem tragischen Verkehrsunfall und leidet noch heute enorm unter dem Verlust. Wie könnte er auch nicht darunter leiden? Er hat diese Frau geliebt. Als er merkte, dass er mit dem Tod seiner Frau allein nicht mehr zurechtkam, suchte er vor einigen Monaten Dr. Daniels auf.

»Wissen Sie, Doktor, ich frage mich jeden Tag, warum ich sie nicht an diesem Tag einfach überredet habe, zuhause zu bleiben. Ich fand es nicht richtig, dass sie mit dieser Erkältung zur Arbeit fährt. Krank ist krank! Da sollte man sich nicht zur Arbeit quälen. Aber ich habe es ihr kaum versucht auszureden. Hätte ich doch bloß energischer auf sie eingeredet.«

Der kleine Mann liegt mit über seinem dicken Bauch verschränkten Armen auf der Couch und blickt mit ernstem Gesicht an die Decke des Behandlungszimmers.

»Sie versuchen, es immer noch ungeschehen zu machen, was?«

»Sie meinen, weil ich immer sage ›Hätte ich doch‹? Ja, vermutlich haben sie recht. Ich denke, da spricht der Wunsch aus mir, dass es nie geschehen wäre. Aber, was soll ich sonst machen? Mich freuen?«

»Sie merken offenbar, dass Sie ihre verstorbene Frau einfach nicht gehen lassen wollen. Trotzdem halten Sie an dieser Umgangsstrategie fest. Albert Einstein soll einmal gesagt haben, dass die höchste Form des Wahnsinns ist, alles beim Alten zu lassen und dennoch zu erwarten, dass sich etwas **ändert**.«

»Ich verstehe, was sie meinen. Aber ich weiß nicht, was ich tun kann. Wie trauert man denn richtig, Dr. Daniels.«

Mr. Ivanov überstreckt kurz seinen Kopf nach hinten, um von dem hinter ihm sitzenden Dr. Daniels den Blick einzufangen.

»Wenn ich Ihnen dafür eine allgemeingültige Antwort geben könnte, könnte ich mir wohl morgen den Nobelpreis abholen. Aber ich werde trotzdem versuchen, Ihnen eine Antwort darauf zu geben. Trauern bedeutet, sich all seiner Gefühle bewusst zu werden und für seinen Zustand Worte zu finden, den man nur schwer in Worte fassen kann. Es geht also darum, ein Narrativ zu entwickeln. Das heißt auch, sie sollten sich verbal und emotional damit auseinandersetzen, was der Tod ihrer Frau in ihnen auslöst. Nur durch diese Auseinandersetzung werden sie dem Verlust ihrer Frau einen Platz in ihrem Leben geben, an welchem er sie zumindest nicht mehr in ihrer Lebensführung beeinträchtigt. Sie sollten aufhören zu erwarten, dass sie den Unfall durch Beklagen rückgängig machen.«

»Ich denke schon, dass ich weiß, was Marias Tod in mir auslöst. Er macht mich natürlich traurig.«

»Dem würde ich auch zustimmen. Aber macht er Sie denn nur traurig?«

»Was soll denn da sonst noch an Gefühlen sein?«

»Was glauben Sie, könnte in ihren Worten ›Hätte ich doch‹ emotional mitschwingen?«

»Lassen Sie mich überlegen.« Mr. Ivanov schließt die Augen für einen Moment, um in sich hinein zu spüren. Er hatte im Laufe seiner Psychotherapie gelernt, dass er dadurch besser Gefühle aufspüren konnte. »Ich glaube, es ist Wut.« Er öffnet die Augen und schüttelt entschlossen mit dem Kopf. »Ja, ich ärgere mich darüber, wie unvernünftig ich war.« Seine Stimme wird lauter und er beginnt sich in Rage zu reden. »Das ist typisch für mich, ich bekomme in den entscheidenden Momenten nicht meine Fresse auf. Und nun ist sie tot. Anscheinend war es mir ja gar nicht so wichtig, was mit ihr passiert.« Während des letzten Satzes bricht Mr. Ivanov in ein schluchzendes Weinen aus und hält sich die Hände vor sein Gesicht.

Dr. Daniels lässt ihn für einen Moment weinen und schweigt. Es ist wichtig, Raum für Emotionen zu lassen, um die Auseinandersetzung mit den aversiven Gefühlszuständen nicht sofort durch Reden zu unterbrechen. Dann geht er mit Bedacht auf das eben Gesagte von Mr. Ivanov ein.

»Jetzt, wo sie Ihre Wut über sich nicht nur erkannt, sondern sogar ziemlich klar verbalisiert haben, frage ich mich, ob Sie aus dem eben Gesagtem noch etwas an Empfindungen heraushören konnten.«

»Ich weiß gar nicht mehr genau, was ich gesagt habe. Es sprühte gerade nur so aus mir heraus.«

»Sie sagten zum Beispiel, dass Sie in den entscheidenden Momenten nicht Ihre Fresse aufbekommen und dass es Ihnen offenbar nicht so wichtig gewesen sei, was mit Ihrer Frau passierte.«

»Ach so, das meinen Sie. Nun … ich glaube, ich fühle mich irgendwie mitverantwortlich für Marias Tod.«

»Sprechen Sie von Schuld?«

»Ich glaube, so kann man es nennen, ja.«

»Ich verstehe.«

Dr. Daniels baut eine kurze Pause ein, um dann einen neuen Aspekt zu eröffnen.

»Sind Sie eigentlich wütend auf Maria, Mr. Ivanov?«

Mr. Ivanov reagiert mit heftigem Widerstand. »Nein, auf gar keinen Fall. Was sollte Sie dafür können? Sie hat den Unfall nicht verursacht.«

»Das erwähnten Sie bereits in einigen unserer früheren Sitzungen. Aber Sie fuhr krank zur Arbeit. Etwas, was sie nach Ihrer Auffassung nicht hätte tun sollen.«

»Ich bin aber nicht wütend auf sie, Doktor!« Mr. Ivanov blickt streng vor sich an die Wand. Seine Arme und Beine sind angespannt. Dr. Daniels notiert sich auf seinem Klemmbrett *Reagiert auf Ansprache seiner potenziellen Wut auf seine Frau mit Reaktanz.* Mr. Ivanov wehrt offenbar aus emotionaler Ambivalenz zu seiner Frau, die er über alles liebt und die er vermisst, seine Wut gegen Sie ab. Man kann jemanden nur schwer lieben und zugleich wütend auf ihn sein. Dabei entsteht ein Gefühl von Inkohärenz, welches Menschen durch Verdrängung zu bereinigen versuchen.

Dr. Daniels schaut auf die Uhr vor ihm. »Ich befürchte, wir sind am Ende unserer Sitzung angekommen, Mr. Ivanov. Ich wollte Sie mit meinen Gedanken über eine mögliche Wut über ihre Frau nicht verärgern. Ich habe nur laut gedacht.«

»Schon gut, Doktor.«

»Wir sehen uns dann nächste Woche Donnerstag um 13 Uhr.«

»Danke, Doktor.«

Mr. Ivanov erhebt sich schwerfällig vom Sofa. Dr. Daniels reicht ihm ein Taschentuch aus der Box neben der Couch. Der kleine, dicke Mann wischt sich die Tränen aus seinem Gesicht und nickt Dr. Daniels zur Verabschiedung noch einmal kurz lächelnd zu. Dann verlässt er das Behandlungszimmer. Und Dr. Daniels weiß, dass er über das Gesagte weiter nachdenken wird. Er wird sich in den kommenden Stunden und Tagen immer wieder mit der Frage befassen, ob er vielleicht doch wütend auf seine Frau ist. Die Antwort darauf, wird sich in den nächsten Sitzungen ergeben.

◆◆◆

Als Nächstes wartet Mr. Sinner vor der Tür. Dr. Daniels schaut sich wie bei jedem anderen Patienten seine Aufzeichnungen vom letzten Treffen an. Es gibt Patienten, bei welchen man als Therapeut weniger leiten muss, da sie von sich aus stets Themen zum Bearbeiten mit sich bringen. Aktuelle Konflikte, Themen aus der Vergangenheit oder Veränderungen der Lebensumstände. Und dann gibt es Patienten, bei welchen man viel Leitung übernehmen muss, da sie kaum einen Zugang zu ihren Gedanken, Gefühlen und Bedürfnissen haben. Patienten, die oftmals gar nicht sagen können, warum sie eine Therapie brauchen. Sie spüren einfach nur, dass sie leiden, können es aber nicht in Worte verpacken. Mr. Sinner scheint einer derjenigen zu sein, der sich durch wenige Fragen Vielem bewusst werden kann.

Er öffnet die Tür. Mr. Sinner sitzt auf dem gleichen Platz im Wartebereich wie beim letzten Mal. Ihm ist aufgefallen, dass Patienten sich gerne immer den gleichen Platz aussuchen. Egal, ob im Wartebereich oder auf der Couch im Behandlungszimmer, wenn sie lieber darauf sitzen möchten, anstatt zu liegen. Solche Kleinigkeiten spiegeln wider, wie gerne der Mensch an Gewohnheiten festhält.

»Hey, Doc!« Mr. Sinner lächelt ihn an. Aber sein Lächeln wirkt angespannt und irgendwie aufgesetzt. Kein Wunder, nachdem er bei Professor Rubinstein quasi sein nahendes Todesurteil offenbart bekam.

»Hallo, Mr. Sinner. Kommen Sie doch rein. Ich wäre so weit.« Dr. Daniels hält ihm die Tür auf.

Nachdem Mr. Sinner Platz genommen hat, beginnt er sofort das Gespräch zu eröffnen.

»Doc, es ist so. Ich bin heute eigentlich nur gekommen, um mich von Ihnen zu verabschieden.«

Dr. Daniels fühlt sich überrumpelt. Mit einem Abschied hat er in der zweiten Sitzung noch nicht gerechnet. Es gibt immer wieder mal Patienten, die sich gegen eine Psychotherapie entscheiden. Aber das hier ist anders! *Abschied* klingt aus Mr. Sinners Mund nach etwas Endgültigem. Das ist es auch. Sie werden sich nicht in ein paar Jahren mal zufällig im Supermarkt an der Kasse treffen. Dr. Daniels wird sich nicht erkundigen können, wie es ihm in der letzten Zeit ergangen ist, welchen beruflichen Weg er eingeschlagen hat oder ob die Beziehung zur Freundin noch intakt ist. Mr. Sinner wird sterben.

»Vielleicht konnten Sie an meinem Gesicht erkennen, dass ich heute noch nicht mit einem Abschied gerechnet habe.« Dr. Daniels geht offen mit seiner inneren Reaktion um. Das ist ein wichtiger Aspekt in der Beziehungsarbeit. »Aber ich höre Ihnen gerne zu, was Sie zu Ihrer Entscheidung bewogen hat.«

»Mein Tumor wächst schnell voran. Und ich habe mich dazu entschieden, meine wenig verbleibende Zeit den Dingen zu widmen, die ich schon immer tun wollte. Da passen Termine bei einem Therapeuten nicht mehr in meinen Zeitplan«, sagt er lächelnd.

»Das verstehe ich total, Mr. Sinner.«

»Danke für Ihr Verständnis!«

»Was sind denn das für Dinge, die Sie schon immer tun wollten?«

»Auf jeden Fall reisen. Aber auch sonst, einfach nur alles wonach mir gerade ist. Es klingt verrückt, Doc. Aber seitdem ich weiß, dass ich sehr bald sterben werde, führe ich das beste Leben, das ich mir nur hätte erträumen können.«

»Wie sieht dieses Leben aus?«

»Ich bin vor allem spontan. Ich mache verrückte Dinge, ohne mir Gedanken darüber zu machen, was andere von mir halten könnten. Letztens habe ich mir ein riesiges Sandwich im *Butcher & Bread* geholt und bin an den See zum Baden gefahren. Dort habe ich im eisig kalten Wasser auf der Luftmatratze gesessen und mein Sandwich genossen. Sie können sich nicht vorstellen, wie lebendig ich mich nach so langer Zeit mal wieder gefühlt habe.«

Dr. Daniels dachte sofort an das Phänomen, welches bei vielen Patienten mit einer eingeschränkten Gefühlswahrnehmung zu beobachten ist. Sie setzen sich extremen Reizen aus, um ihre Gefühlsleere durch einen körperlichen Schmerz zu kompensieren. Meist passiert so was durch Selbstverletzung, wie etwa durch Rasierklingen. Die meisten Patienten, die solche Verhaltensweisen zeigen, beschreiben, sich dadurch wieder spüren zu können bzw. sich wieder lebendig zu fühlen.

»Das klingt ja aufregend.« Dr. Daniels lächelt und nickt Mr. Sinner ermunternd zu.

»Glauben Sie mir, das war es auch. Ich habe auch für kommenden Freitag eine Reise nach Europa gebucht. Da wollte ich schon immer mal hin, wissen Sie?« Mr. Sinner fängt an zu strahlen.

»Tatsächlich!? Das habe ich auch schon seit einer geraumen Zeit vor. Wo geht es denn hin?«

»Zuerst nach Deutschland. Ich lande in Frankfurt. In Deutschland schaue ich mir die ganzen alten Burgen an, die es dort gibt. Und natürlich werde ich in Bayern einen Biergarten besuchen. Von dort geht es weiter nach Italien. Ab ins Warme! Danach Spanien und Portugal. Diese Länder sollen ja voller Kultur sein.«

Mr. Sinner steckt nun voller Energie. Er ist voller Begeisterung. Seine Augen sind weit offen und wach.

»Wirklich beneidenswert.« Als Dr. Daniels das ausspricht, kommt ihm seine Äußerung paradox vor. Kann man einen sterbenskranken Menschen um etwas beneiden?

Mr. Sinner scheint diesen Gedanken nicht zu haben. Er fährt gleich fort. »Danke, Doc. Ich werde heute Abend auch meine sieben Sachen zusammenpacken und mit Freunden an den *Lake Whalon* zum Nachtangeln gehen. Ich frage mich nur, warum ich so etwas nicht viel früher mal gemacht habe.« Nun wirkt der junge Mann etwas nachdenklich.

»Nun, Mr. Sinner. Unsere Bedürfnisse werden in der Regel dann für uns dominant, wenn wir ein Defizit in ihnen erleben. Das heißt, wenn jemand am wenigsten Aufmerksamkeit bekommt, ist sein Bedürfnis nach Aufmerksamkeit am höchsten. Wenn wir hungern, ist unser Bedürfnis zu essen dominant. Wenn wir uns ungeliebt fühlen, brauchen wir Liebe. In Ihrem Fall könnte das bedeuten, dass Sie jetzt, wo Sie nicht mehr viel Lebenszeit haben, das Leben in vollen Zügen genießen wollen.«

»Das klingt irgendwie einleuchtend.« Er denkt einen Moment nach. »Warum in Gottes Namen leben wir unser Leben denn erst dann, wenn es zu spät ist?«

»Weil wir das Leben als gegeben betrachten, bis es sich dem Ende nähert. Wenn es dem Ende nahe kommt, wollen wir es unbedingt noch erfüllen.«

Mr. Sinner schweigt! Dr. Daniels lässt ihm Raum, um seine Gedanken zu sortieren.

»Ich wünschte, das hätte ich vor zehn Jahren gewusst, Doc.«

»Was würden Sie denn an Ihrem Leben anders gestalten, wenn Sie es noch ein Mal leben könnten?«

»Wahrscheinlich nichts! Also ich meine nichts an dem gemessen, wie es jetzt ist. Ich würde es genauso leben wollen, wie ich es jetzt tue. Ich würde mich weniger den Dingen widmen, die von anderen erwartet werden. Ich würde meine Energie viel mehr darauf verwenden, was mir Spaß macht. Ich wäre spontaner. Ich würde nicht darüber nachdenken, was andere von mir halten. Ich hätte mich stärker so verhalten, als wenn ich bald sterben würde, obwohl ich noch ein langes Leben vor mir hätte. Ich hätte nicht so getan, als ob alles was mir guttut, Zeit bis später hat.« Nachdem er sich kurz in einen Anflug von Ärger geredet hat, wirkt er nun bedrückt, als er mit seinen Ausführungen am Ende ist.

Dann sagt er mit leiser Stimme. »Ich wünschte, ich dürfte noch etwas länger leben, Dr. Daniels.«

Es ist still im Zimmer. So still, dass das Ticken der Uhr, die auf dem Beistelltisch steht, den Raum füllt. So still, dass man von draußen Stimmen vorbeigehender Menschen hören kann und die Vögel in den Bäumen zwitschern hört.

Dr. Daniels versucht, seinen Kloß im Hals zu verbergen. Er schluckt ihn schnell runter, als Mr. Sinner sich mit seiner Hand über sein Gesicht fährt, um sich etwas Schweiß von der Stirn zu wischen.

»Hören Sie, Doc! Lassen Sie uns an dieser Stelle das

Ganze hier beenden. Für heute und für immer. Ich schätze ihre Arbeit sehr und ich glaube, Sie sind wirklich ein ausgezeichneter Therapeut. Aber ich glaube nicht, dass Sie etwas für mich tun können. Ich habe keine Zeit mehr. Ich möchte jetzt noch das bisschen vom Leben genießen, welches mir geblieben ist.«

»Machen Sie sich um mich keine Gedanken, Mr. Sinner. Es geht hier nicht um meine Empfindlichkeiten. Es geht hier um Sie. Therapeuten sollten ihre Patienten nicht dafür missbrauchen, um sich gut zu fühlen. Indem sie sie zum Beispiel in einer Therapie festhalten, nur um sich wie der Retter fühlen zu dürfen. Ich akzeptiere Ihre Entscheidung und denke auch, dass Sie eine gute Entscheidung für sich treffen konnten. Von daher, bitten Sie mich nicht um meine Absolution. Führen Sie das Leben, welches Sie schon immer führen wollten.«

Mr. Sinner schaut ihn erleichtert an. »Vielen Dank, Doc. Ich meine, vielen Dank für alles. Sie haben mir in vielen Dingen die Augen geöffnet. Wenn ich wiedergeboren werde, rufe ich Sie ganz sicher an.« Er zwinkert Dr. Daniels scherzhaft zu.

»Sind Sie gläubig, wenn Sie mir diese Frage noch erlauben?«

»Nein, dafür hatte ich noch nie Zeit.«

Beide lachen und schauen sich in die Augen.

»In letzter Zeit wünschte ich mir aber, dass es so etwas wie einen Gott und ein Leben nach dem Tod gäbe. Die Vorstellung, dass ich nach meinem Versterben auf alte Bekannte im Himmel treffe, ist wunderbar. Ich bin sogar etwas neugierig, ob da etwas dran ist. Aber ich bezweifle es.« Er macht eine kurze Pause. Wieder ist das Ticken der Uhr zu hören. »Eine Frage, Doc. Was halten Sie von diesen Nahtoderfahrungen? Ich meine, es gibt doch diese Leute, die für einen Moment tot waren und wiederbelebt wurden. Sie berichten oft, dass sie ihr Leben an sich vorbeiziehen sahen, ihre verstorbenen Verwandten in einem Licht wiedersahen. Oder sie sagen sogar, gesehen zu haben, wie sie ihren eigenen Körper verlassen hätten. Was hat es damit Ihrer Ansicht nach auf sich?«

»Zum Abschied also die ganz schweren Fragen, was?«, scherzt er. »Ich kann es Ihnen natürlich auch nicht mit Sicherheit sagen. Aber es ist möglich, dass es während des Sterbeprozesses bei einigen Menschen zu einer Wahrnehmungsstörung kommt. Wie eine Art Halluzination, während der Hirntod eintritt.«

»Meinen Sie wirklich?«

»Es gibt zumindest interessante Untersuchungen dazu, die bis in die 1930er Jahre zurückgehen. Neuere Untersuchungen aus den Neurowissenschaften legen nahe, dass solche Nahtoderfahrungen auf einen Sauerstoffmangel in bestimmten Hirnregionen beruhen.«

»Ach, das ist ja krass.«

»Andere Neurowissenschaftler haben die Hypothese entwickelt, dass eine bestimmte Aktivität der Schläfenlappen …« Dr. Daniels deutet mit seinen Händen an seinen Kopfseiten entlang »… ursächlich für solch ein Phänomen sein können. Denn auch Menschen mit einer Schläfenlappenepilepsie berichteten mehrheitlich von Beobachtungen ihres eigenen Körpers von Außen.«

Mr. Sinner wirkt interessiert, aber zugleich desillusioniert, auf ihn.

»Ich frage mich, ob es Ihnen mit diesen Informationen jetzt besser oder schlechter geht.«

»Das weiß ich gerade selbst nicht. Irgendwie ist das voll spannend, was Sie da erzählen. Andererseits habe ich das Gefühl, dass es meinen inneren Frieden gefährdet.«

»Das war nicht meine Absicht. Aber ich dachte, wenn Sie mich fragen, möchten Sie auch eine Antwort darauf hören. Aber Sie müssen wissen, dass es sich bei all dem, was Sie von mir gehört haben um Erklärungsversuche handelt, die mehr oder weniger auf guten wissenschaftlichen Ansätzen beruhen. Wissen tun wir so gut wie nichts.«

»Schon in Ordnung, Doc. Ich werde es ja bald genauer wissen.«

»Manchmal klingen Sie etwas makaber zu sich selbst.«

»Vielleicht bin ich das auch.«

»Und warum glauben Sie, das zu tun?«

»Ich schätze, das ist wieder so eine Art, mich von meinen unangenehmen Gefühlen fernzuhalten. So wie Ihnen das bei unserer letzten Sitzung aufgefallen ist.«

»Gut möglich.« Die Uhr tickt. »Ich hätte gerne länger mit Ihnen gearbeitet, Mr. Sinner. Sie sind in der Lage, therapeutisch zu denken. Sie können sich Erkenntnisse erarbeiten und Schlüsse daraus ableiten. Mit solchen Leuten ist die Psychoanalyse ein hochinteressanter Prozess für Patient und Therapeut. Aber leider bleibt uns nicht die Zeit dazu.«

»Ja, leider, Doc. Ich denke, ich werde mich nun auch von Ihnen verabschieden müssen.«

Sie erheben sich, schütteln sich die Hände und blicken sich für einen Moment tief in die Augen. Sie wissen, dass dies ein Abschied für immer ist. Und er liegt schwer im Raum, obwohl sie sich kaum kennen. Es war wahrscheinlich die Menschlichkeit, zwischen zwei Fremden. Menschlichkeit, die in solchen Momenten von Trauer, Verzweiflung und Hoffnungslosigkeit dominiert wird. Aber auch von Mitgefühl und Anteilnahme. Mitermöglicht durch ihre Spiegelneuronen, die in ihren Hirnrinden ihr mystisches Werk betreiben. So mystisch wie die Situation zwischen Dr. Daniels und Mr. Sinner in diesem Augenblick selbst. Sie spüren eine hohe Verbundenheit, die man aber weder in Worte noch in Taten fassen kann.

»Ich wünsche Ihnen in den kommenden Wochen die beste Zeit Ihres Lebens, Mr. Sinner.«

»Leben Sie wohl, Doc.!«

Mr. Sinner verlässt den Raum. Dr. Daniels schließt hinter sich dir Tür und begibt sich an seinen Schreibtisch. Dort sitzt er erst mal nur da. Seinen Kopf auf beide Hände abgestützt. Er ist nachdenklich. Dieser junge Mensch steht vor der unglaublichen Herausforderung, dem Tod ins Auge zu blicken, während sein größtes Problem die immer noch nicht funktionierende Sitzheizung in seinem Jaguar ist. Plötzlich wirkt diese kaputte Sitzheizung absolut bedeutungslos. Sein Ärger darüber, dass er immer noch keinen Termin für die Reparatur bekommen hat, ist so weit weg.

Er schaut auf sein Klemmbrett und sieht, dass sein Blatt leer ist. Er hat in dem Gespräch mit Mr. Sinner kein einziges Wort aufgeschrieben. Das heißt wohl, dass er sehr stark an dem Gespräch beteiligt war. Tatsächlich bemerkt er, dass die Worte des Teenagers etwas mit ihm gemacht haben. Er fühlt sich irgendwie … er sucht gedanklich nach einer Beschreibung … aufgewühlt. Er muss an sein eigenes Leben denken und an die Worte von Mr. Sinner, ›Ich hätte nicht so getan, als ob alles, was mir guttut, Zeit bis später hat.‹ Macht er nicht genau das? Er denkt darüber nach, wie er tagein, tagaus um 6 Uhr aufsteht, bis in den späten Nachmittag arbeitet, um dann noch einige Stunden mit seiner Tochter zu spielen, Abend zu essen und zu schlafen. Führt er ein erfülltes Leben? Bis gerade eben war er davon überzeugt. Plötzlich kommen ihm Zweifel.

◆◆◆

Auf dem Heimweg ein neuer Podcast. Es geht um Religion. Etwas, womit Dr. Daniels noch nie etwas am Hut hatte. Er ist Atheist. Aber er hat nichts gegen Religion per se. Er ist davon überzeugt, dass Religion für einige Menschen genau das Richtige ist. Menschen, die Halt und Orientierung in ihrem Leben suchen. Das Bekehren von Leuten zu einer Religion lehnt er jedoch ab. Menschen sollte kein Weltbild gelehrt werden. Menschen sollten ein Weltbild frei entwickeln dürfen. Er versteht die Religion als eine erste Form der Gesetzgebung. In Zeiten der Barbarei hat sie zu einem geordneten Zusammenleben der Menschen maßgeblich beigetragen. Mord, Diebstahl und andere Grausamkeiten wurden durch eine moralische Instanz, in Form von Gott, mit Strafen belegt. Und Menschen folgten diesem Glauben, zumindest in der Mehrheit. Es gab einen gesellschaftlichen Konsens darüber, dass diese moralische Instanz zu akzeptieren ist. So wie die heutigen Gesetze eines Staates von einer Gesellschaft akzeptiert werden. Und eben von jenen staatlichen Gesetzgebungen wurde die Religion im Laufe der Zeit als Ordnungsform abgelöst, weshalb sich die Kirche und der Staat lange Zeit in einem Spannungsfeld bewegten. Es war ein Kampf um Macht. Und sowohl die Religion als auch die Politik bedienen sich dabei der Angst des Menschen, um Kontrolle auszuüben. Religion ist die höchste Kompensationsform für die Angst vor dem Tod. Menschen haben sich einen komplexen Wahn erschaffen, der durch feste Glaubensregeln und einer militärisch strengen Hierarchie ausgestattet wurde. Ein Wahn, der wie alle inhaltlichen Denkstörungen, für eine Sache Überzeugung schürt, für welche es keinen rationalen Beweis gibt.

Der Unterschied zwischen einem paranoid-schizophrenen Patienten, der der festen Überzeugung ist, vom FBI verfolgt zu werden und einem Gläubigen, der der festen Überzeugung ist, dass er tagtäglich von einem Gott im Himmel beobachtet wird, besteht darin, dass Letzterer durch die Freiheit seinen Glauben auszuleben Legitimität erfährt. Er darf per Gesetz nicht wegen seines Glaubens diskriminiert werden. Ein kollektiver Wahn, der auf eine lange Geschichte und Tradition zurückblicken kann, ist gesellschaftsfähiger, als ein Schizophrener, der sich zuhause vor dem FBI verschanzt.

Die Politik hingegen ist perfider. Sie bedient verschiedene Ängste, um ihre Macht zu bewahren. Jede Gewalttat eines Nichteinheimischen wird politisch genutzt, um Politik gegen Migranten zu machen. Jede Umweltkatastrophe wird im Sinne der Klimapolitik instrumentalisiert. Neuartige Virusinfekte werden im Sinne der Pharmaindustrie behandelt. Hinter scheinbar jeder auch noch so sinnvollen Amtshandlung eines Präsidenten, steckt ein Eigen- und Fremdnutzen. Letzterer meint nicht zwingend den Bürger, sondern geldschwere Lobbyisten. Die Kirche und die Staatsoberhäupter haben noch etwas gemeinsam. Sie leben vom Geld derer, die sie regieren. Mit dem Wachstum des Christentums wurden auch die Bischofsstühle reicher an goldenen Verzierungen, Elfenbeinelementen und teuerster Seide. Genau von solch pompösen Thronen aus predigen die Gotterhabenen dem einfachen Volk, gegen den Hunger auf Erden zu spenden.

Dr. Daniels muss an Mr. Sinner denken. Auch in der heutigen Sitzung mit ihm, ging es um Religion. Kein Zufall. Religion, Leben und Tod sind eng miteinander verwoben. Die Religion lebt quasi vom Tod. Und plötzlich muss er über seinen eigenen Tod nachdenken. Wie viel Zeit würde ihm wohl bleiben? Hat er eigentlich genug Zeit, um sich den Dingen zu widmen, die ihm Freude bereiten? Wie lange sollte er warten, bis er sich seiner neu entdeckten Leidenschaft, der Astronomie, widmen soll? Wann will er wieder anfangen, mehr Sport zu treiben? Sich um seine Fitness kümmern? Wann will er mit Elmira und Mina Europa bereisen? Und warum nicht alles jetzt? Ist es nicht genau das, was ihm Mr. Sinners Schicksal lehren sollte? Verhält er sich nicht genauso, als wenn alles Zeit bis später hätte? Vielleicht ist Mr. Sinner einer jener Patientenfälle, von welchen er für sich selbst etwas lernen kann. Zum Beispiel, dass die Zukunft kürzer sein kann, als wir es uns in unseren finstersten Träumen vorstellen könnten.

Marc Aurel, der berühmte römische Kaiser und letzte bedeutende Vertreter der jüngeren stoischen Philosophie, sagte einst dazu: ›Höre endlich auf, dich selbst zu verwirren! Es ist nicht daran zu denken, dass du dazu kommst, was du dir für spätere Zeiten deines Lebens aufbehalten hattest, dies und jenes zu treiben und zu lesen und wieder hervorzuheben.‹ Dazu fällt Dr. Daniels eine Metapher ein, die er mal von einem Kollegen hörte. Diese vergleicht das Leben mit einer Sanduhr, in der der Sand für unsere Lebenszeit steht. Der obere Teil der Sanduhr, aus dem der Sand nach unten fällt, steht dabei für die Zukunft. Diese stellt sich für uns wie eine *Black Box* dar. Das heißt, wir wissen nicht wie viel Sand bzw. Lebenszeit darin enthalten ist. Deshalb macht es wenig Sinn, sich in seinem Leben zu sehr auf die Zukunft zu fokussieren. Der untere Teil der Sanduhr, in dem sich der Sand sammelt, steht für die Vergangenheit. Der Sand, der dort hineinfällt, ist unwiderruflich weg. Das wiederum heißt, dass es noch weniger Sinn ergibt, sich in seinem Leben auf die Vergangenheit zu fokussieren. Der schmale Teil, an dem der obere und untere Teil der Sanduhr zusammenlaufen, stellt die Gegenwart dar. In diesem Teil fließt unsere Lebenszeit im Sekundentakt von der Zukunft in die Vergangenheit. Und eben auf diesen Teil gilt es, sich im Leben stärker zu konzentrieren. Neu ist dieses Denken keineswegs. Marc Aurel hatte das ca. 150 Jahre nach Christi bereits verstanden: ›*Dabei bleibe man sich bewusst, dass jeder eigentlich nur dem gegenwärtigen Augenblick lebe. Denn alles Übrige ist entweder durchlebt oder in Dunkel gehüllt.*‹ Was für ein cleveres Bürschchen dieser junge Kaiser doch gewesen sein muss, denkt sich Dr. Daniels. Und obwohl diese Lebensphilosophie schon seit mindestens 2.000 Jahren bekannt ist und die meisten ihr vermutlich zustimmen würden, haben Menschen immer noch nicht verstanden, sie tatsächlich zu leben.

Die Ausfahrt kommt näher. Dr. Daniels hatte heute den ganzen Tag mit einem unruhigen Magen und Bauchweh zu kämpfen. Schon seit Langem will er sich diesbezüglich bei seinem Hausarzt vorstellen. Aber auch das, so typisch seine Denkweise, kann immer warten. Jetzt, kurz vor zuhause drückt es wieder mal ganz gemein im Magen. Bis nach Hause sind es noch einige Minuten durch die Stadt. Das sollte noch machbar sein, wenn er gut durch den Verkehr kommt. Zur Not muss eine der naheliegenden Tankstellen als rettende Insel herhalten.

Kapitel 6

Endlich zuhause! Mina wirkt sehr müde. Die viele Arbeit am Computer und der zunehmende Eigensinn von Elmira strengen an. Also übernimmt er. Zum einen genießt er natürlich die wenigen Stunden unter der Arbeitswoche mit Elmira am Abend, auch wenn er selbst seit 6 Uhr in der Früh auf den Beinen ist. Zum anderen möchte er Mina entlasten. Er versteht Elternschaft als Teamarbeit. Und eine ausgelaugte Mutter braucht Zeit für sich, um morgen wieder präsent für das Kind sein zu können.

Er selbst zieht es vor, sich mit Elmira draußen im Park zu beschäftigen. Er hält es drinnen zu viele Stunden am Tag nicht aus. Aber das nasskalte Winterwetter lädt nicht ein, um in den Park zu gehen. Er mag es, zu beobachten, wie Elmira sich immer besser ausdrücken kann, von ihrem Tag im Kindergarten erzählt und eigene Entscheidungen bei der Auswahl des Spiels trifft. Am liebsten schaukelt sie in der Wohnung. Sie haben ihr zu Weihnachten eine Schaukel geschenkt, die sie über eine Klimmzugstange zwischen dem Türrahmen befestigt haben. Das Schaukeln macht Elmira Spaß und fordert auch nicht zu viel Aktivität von ihm, nach einem langen Arbeitstag. Trotzdem kann er dadurch präsent für sie sein. Das scheint ein guter Kompromiss.

Viele Väter entziehen sich durch das Argument berufstätig zu sein von ihrer Verantwortung. Dr. Daniels beneidet diese manchmal um ihre Freiheit, die sie sich dadurch schaffen. Er weiß aber auch zugleich, dass es seine bewusste Entscheidung ist, ein fürsorglicher Vater zu sein. Auch wenn es den Preis nach sich zieht, sich zumindest für einige Jahre selbst hinten heranzustellen. Die ersten drei bis vier Lebensjahre sind besonders prägend für Kinder, vor allem was die Bindungserfahrungen angeht. Die Bindungsforschung war wohl das Revolutionärste, was die Psychoanalyse durch John Bowlby hervorgebracht hat. Auch wenn Bowlby unter den Psychoanalytikern anfangs in der Kritik für seine Ansichten stand. Sie entsprachen zum damaligen Zeitpunkt wenig der psychoanalytischen Theorie. Vor allem durch seine Doktorandin Mary Ainsworth erfuhr die Bindungsforschung viel Beachtung. Sie postulierte durch ihr weltberühmtes Experiment *Die fremde Situation* drei verschiedene Bindungsstile. Ihr fiel auf, dass Kinder, nachdem sie von ihren Müttern mit einer fremden Person bzw. allein in einem Raum zurückgelassen wurden, auf unterschiedliche Weise bei der Wiederkehr ihrer Mütter auf diese reagierten.

Die meisten Kinder reagierten bei der Trennung von der Mutter mit Weinen, Suchen und Rufen. Sie ließen sich von der fremden Person im Raum nicht trösten, reagierten aber auf die Rückkehr der Mutter mit Freude und suchten Körperkontakt zu ihr. Nachdem sie mit der Mutter wiedervereint waren, konnten sie sich wieder dem Spiel widmen, also explorieren. Dieser Bindungsstil wurde der sicher-gebundene Typ genannt. Andere Kinder zeigten bei der Trennung von der Mutter keine sonderlichen Anzeichen von Stress oder Beunruhigung. Sie akzeptierten die fremde Person als Ersatz. Bei der Rückkehr der Mutter zeigten sie sich gegenüber dieser ablehnend, nahmen keinen Körperkontakt auf und verhielten sich zurückweisend. Dieser Bindungsstil wurde als der unsicher-vermeidende Typ bezeichnet. Andere Kinder hingegen zeigten ein starkes Bindungsverhalten, wodurch sie selbst während der Anwesenheit der Mutter kaum Explorationsverhalten zeigten. Bei der Wiederkehr der Mutter reagierten diese Kinder wütend bis aggressiv auf diese und ließen sich kaum trösten. Dieser Bindungsstil wurde der unsicher-ambivalente Typ genannt. Eine sichere Bindung stellt einen wichtigen Schutzfaktor gegen psychische Erkrankungen dar, weshalb Dr. Daniels ein zuverlässiges ›Mutterraumschiff‹ sein möchte. Und mit dieser Zuverlässigkeit ist nicht nur eine körperliche Präsenz gemeint, sondern vor allem auch eine emotionale Ressource. Das bedeutet auch, Kinder in ihren Gefühlsäußerungen Raum zu geben, anstatt ihnen ihre Gefühle abzusprechen. Er erinnert sich, als er sich einmal selbst dabei ertappte, wie er Elmira ihre Wut nicht zugestand. Elmira war sechs Monate alt, als sie ihren ersten Autonomiekonflikt miteinander hatten. Es war ein Klassiker unter den Autonomiekonflikten.

Elmira wollte sich ihre Windel nicht anziehen lassen. Er wollte aber, dass sie eine trägt. Elmira protestierte lautstark auf dem Wickeltisch. Sie schrie und weinte, strampelte mit ihren kleinen Beinen und machte sich steif. Dr. Daniels rief ihr völlig entnervt zu, dass es gar keinen Grund gäbe zu weinen. Plötzlich wurde ihm bewusst, dass dies natürlich nur seine Sicht der Dinge war. Elmira selbst hatte einen triftigen Grund, wütend zu sein. Die Wut war aus ihrem Standpunkt heraus berechtigt. Stattdessen hatte er ihr vermittelt, dass ihre Gefühle falsch wären. Werden Kindern regelhaft ihre unpassend erscheinenden Gefühlsausdrücke abgesprochen, kann ihre sozial-emotionale Entwicklung darunter leiden. Sie lernen, ihren Gefühlen nicht trauen zu können und verlieren ihr Bewusstsein für diese. Oftmals können sie als Jugendliche ihre Gefühle kaum in Worte fassen, geschweige denn diese angemessen regulieren.

Dass Menschen sich ihren Emotionen bewusst werden können, setzt voraus, dass man ihnen diese auch zugesteht. Gefühle und die damit einhergehenden Verhaltensweisen sind vielmehr als ein Ausdruck einer emotionalen Realität zu verstehen. Hilfreich kann es sein, sich klar zu machen, dass die Emotionen meines Gegenübers für mich nicht zwingend nachvollziehbar sein müssen, um gültig zu sein. Das wird aber schwierig, wenn wir immer nur von unserer Form der Realität ausgehen wollen. Um also empathisch sein zu können, bietet sich eine konstruktivistische Haltung an, in der jeder das Recht auf seine emotionale Realität haben darf. Wir sollten also offen dafür bleiben, unser Konstrukt der Realität zu hinterfragen und mit nicht kongruenten Realitätsformen anderer Menschen abzugleichen. Entscheidend ist dann, wie man unterschiedliche Realitäten bzw. Wahrnehmungen miteinander verbinden kann, wenn sie zu Beziehungsproblemen führen. Realitäten sind nicht mehr als Konstrukte. Selbst als Menschheit könnten wir uns, allen wissenschaftlichen Berechnungen zum Trotz, fragen, ob unsere Welt wirklich vierdimensional ist, nur weil wir sie durch drei Raumdimensionen und eine Zeitdimension als solche wahrnehmen. Die Stringtheorie geht beispielsweise davon aus, dass es neun Raumdimensionen geben muss, von denen wir aber nur im Stande sind, drei wahrzunehmen.

Des Weiteren macht man Kinder unberechtigterweise für die eigene emotionale Unbeherrschtheit verantwortlich. Dann hören sie Sätze wie: ›Ich habe dich angeschrien, weil du wieder nicht gehört hast.‹ Nach dem Begründer der Gewaltfreien Kommunikation, Marshall Rosenberg, ist es wichtig, dass Eltern Eigenverantwortung für ihre Gefühle übernehmen. In dem Fall würde der Satz heißen: ›Ich habe dich angeschrien, weil ich mich hilflos gefühlt habe, als du nicht das getan hast, was ich wollte.‹ Somit müssten Kinder sich seltener schuldig fühlen. Und man würde ihnen vorzeigen, wie man Introspektionsfähigkeit erlernt; die Fähigkeit eigene Empfindungen, Gedanken und Handlungsmotive wahrzunehmen. Insofern ergänzt die Introspektionsfähigkeit sehr gut das Selbstbewusstsein. Als selbstbewusst wird im Allgemeinen jemand bezeichnet, der mutig, durchsetzungsstark und selbstsicher auftritt. Letztendlich als jemand, der sich in schwierigen Situationen behaupten kann. Es handelt sich also um ein Vertrauen darin, was man tut. Die Introspektionsfähigkeit handelt von dem Bewusstsein, warum man etwas tut.

Physiologisch sind wir uns in der Regel unserer Selbst bewusst. Wir können unser Spiegelbild betrachten, spüren unseren Körper in Form von Schmerz und erleben unsere körperliche Grenze in Form von taktilen Reizen auf der Hautoberfläche. Unserem seelischen Selbst sind wir uns nicht immer explizit bewusst. Eltern, die ihren Kindern sagen, dass sie nicht zu hoch auf das Klettergerüst steigen sollen, können oft benennen, dass sie Angst um ihr Kind haben. Das leitende Gefühl ist ihnen insofern bewusst. Auch können sie gut benennen, dass sie dabei denken, ihr Kind könnte herunterfallen und sich verletzen.

Das heißt, die gedankliche Bewertung der Situation als potenzielle Gefahr ist ihnen auch bewusst. Ihr Bedürfnis nach Kontrolle können sie meist weniger klar benennen. Diesem sind sie sich nicht explizit bewusst. Ihr Motiv zielt darauf ab, dass das Kind sich so zu verhalten hat, dass man selbst keine Angst mehr haben muss. In erster Linie wollen Eltern ihre Kinder dabei selbstverständlich schützen. Aber sich ›selbst bewusst‹ zu machen, dass es in solch einer Situation primär um die eigene Angst geht, mit der man das Kind ansteckt, ist wichtig. Diese Ansteckung erfolgt dabei typischerweise dadurch, dass man dem Kind seine gedankliche Bewertung und Angst implizit überträgt: ›Was denkst du was passiert, wenn du aus dieser Höhe herunterfällst?‹ ›Möchtest du dich umbringen?‹ Im Ergebnis signalisiert man dem Kind eine potenzielle Gefahr und begrenzt es in seinem natürlichen Wunsch nach Exploration. In einer extremen Form dieses elterlichen Verhaltens und bei einer entsprechend ängstlichen Veranlagung des Kindes, kann dies als einer der Gründe verstanden werden, warum Patienten in der

Psychotherapie oftmals gar nicht benennen können, warum sie bestimmte Ängste entwickelt haben. Es waren ursprünglich gar nicht ihre Ängste. In der psychoanalytischen Sprache stellt ihre Angst eine *Introjektion* dar. Eine unbewusste Verinnerlichung fremder Anschauungen, so lange bis sie unsere eigenen Überzeugungen werden. Diese stammen oft bereits aus frühkindlichen Beziehungserfahrungen.

Erwachsene denken jedoch leider zu selten darüber nach, dass es sich bei ihrer gefühls- und verhaltensunterdrückenden Erziehung um die Kompensation eigener Ängste und Unsicherheiten geht. Sie wollen, dass ihre Kinder sich angepasst verhalten. Dabei geht es manchmal noch um eine andere Form der Angst, eine soziale Angst. Eltern wollen verhindern, dass sie in der Öffentlichkeit Peinlichkeiten ausgesetzt werden. Es geht um die Angst, sein Kind verzogen zu haben. Sie haben Angst, dass ihnen die Kontrolle über das Kind entgleitet und es ihnen vor allen anderen auf der Nase herumtanzt, weshalb sie es durch Strenge kontrollieren wollen. Dabei sollten Kinder nicht angepasst sein. Kinder müssen laut sein, Dreck machen und vor allem emotional ausdrucksstark sein. Sie benötigen aber Unterstützung in einer angemessenen Regulation ihrer Gefühle. Das heißt also, nicht die Gefühle sollten als Problem angesehen werden, sondern der angemessene Umgang mit diesen erlernt werden. Das beinhaltet auch, dass Sensibilität gesellschaftlich weniger negativ besetzt werden sollte. ›Dein Kind ist aber ein Sensibelchen‹, kriegen Eltern von emotional ausdrucksstarken Kindern oft zu hören. Dabei steht eine hohe Sensibilität, vor allem für eine gute emotionale Wahrnehmungs- und Ausdrucksfähigkeit. Ähnlich wie Leute über ein besonders gutes Gehör oder einen besonders guten Geruchssinn verfügen, nehmen sensible Menschen Emotionen besonders intensiv wahr. Damit ist Sensibilität als eine bedeutende Fähigkeit zu verstehen, die die Menschlichkeit ausmacht. Aber leider passt diese Fähigkeit nicht in unsere ›emotionsphobische‹ Zeit, in der wir leben.

Dr. Daniels hat sich nach dieser Situation entschieden, Elmira bei unwichtigen Interessenkonflikten auch mal gewinnen zu lassen. Sie kann somit mit der Einsicht aufwachsen, ihren Willen kundtun zu dürfen und auch durchsetzen zu können.

Nachteilig manipulativ verhalten sich Eltern oft auch bei Entscheidungen ihrer Kinder. Dr. Daniels erinnert sich, wie er an einem Morgen in einer Bäckerei eine Mutter mit ihrem Kind beobachtete. Offensichtlich befand sich die Frau in Zeitnot. Ihr Sohn war in etwa in Elmiras Alter, vielleicht drei bis vier Jahre alt. Als sie zu ihm sagte, er solle sich schnell etwas zum Frühstück aussuchen, zeigte er auf ein Gebäckstück mit Sahne und Schokoladenüberguss. »Du spinnst wohl!«, sagte sie entsetzt zu ihm. Der Junge zeigte daraufhin ohne Widerworte auf ein mit Marmelade gefülltes Gebäckstück. »Bist du dir sicher?«, fragte ihn die Mutter skeptisch. »Wenn du dich damit bekleckerst, haben wir keine Zeit, um nach Hause zu gehen, um dich umzuziehen. Ich habe aber auch keine Lust, dich mit beschmierten Sachen im Kindergarten abzugeben. Such dir etwas aus diesem Bereich aus.« Die Mutter zeigte auf einen kleinen Bereich in der Vitrine, um seine Auswahlmöglichkeiten auf etwas zu begrenzen, was ihr offenbar besser passte. Der Junge zeigte auf ein weiteres Gebäck mit einer dicken Zuckergusskruste drauf. »Auf gar keinen Fall«, sagte die Mutter entsetzt und ergriff letztendlich die Wahl für den Jungen. »Nimm so ein Croissant.« Im gleichen Moment wandte sich der Bäcker an die beiden, da sie nun an der Reihe waren. »Mein Sohn möchte ein Croissant, bitte.«

Kinder werden durch solch ein Verhalten der Eltern in ihrer eigenen Entscheidungsfindung irritiert. Sie werden ihren eigenen Entscheidungen schlecht trauen können, da ihnen sehr früh signalisiert wird, dass ihre Entscheidungen nicht die richtigen sind. Dabei besteht das eigentliche Problem darin, dass ihre Entscheidungen nur nicht mit den Wünschen ihrer Eltern einhergehen. Der Lerneffekt ist aber, dass sie somit falsch sind. Selbstverständlich ist es wichtig, Kinder vor Gefahren durch Fehlentscheidungen zu bewahren. Aber diese dürften nicht in einem mit Marmelade gefüllten Gebäckstück lauern.

Aber bei aller väterlicher Hingabe und Aufopferung fragt sich Dr. Daniels manchmal, ob er nicht auch etwas übertreibt. Ob es manchmal nicht auch etwas mehr Ich sein darf. Er sieht wie seine Freunde verlängerte Wochenenden ohne Frau und Kind beim Zelten verbringen. Wie Freunde sogar ohne Frau und Kind zwei Wochen einen Urlaub machen. Für ihn würde es nicht infrage kommen, Mina und Elmira allein zu lassen, während er zum Wandern oder Camping mit Freunden verreist. Seine Moral und sein Wertesystem lassen dafür keinen Raum. Und vermutlich würde ihn die Sehnsucht nach Mina und Elmira schnell wieder nach Hause treiben. Aber auf etwas mehr Zeit für sich hätte er schon Lust.

Neben seiner mental anstrengenden Arbeit und seiner Verantwortung gegenüber seiner Familie, sieht er sich einer weiteren Bürde ausgesetzt. Eine Bürde, die heutzutage viele Väter zu tragen haben. Väter müssen heute mehr denn je mütterlicher sein. Sie sollten für das Kind das Essen zubereiten können, Krabbelkurse besuchen, Elterngespräche wahrnehmen, Arztbesuche begleiten usw. So selbstverständlich und fair das heutzutage klingen mag, war es doch eine Anpassungsleistung, welche Männer im Laufe der vergangenen Jahrzehnte zu leisten hatten. Durch die Emanzipation der Frau braucht es in der modernen Familie ein Gegengewicht. Und die Emanzipation der Frau verändert noch etwas in der Beziehung zwischen Männern und Frauen. Durch die abnehmende monetäre Abhängigkeit der Frau zum Mann, brauchen Männer ein größeres ästhetisches Potenzial als früher, um erfolgreich in der Frauenwelt zu sein. Geld allein reicht dafür nicht mehr aus. Die wachsenden Pflegeprodukte für Männer in den Supermärkten, wie Bartpflege oder spezielle Nassrasierer für den ganzen Körper, und die Zunahme an Fitnessstudiomitgliedschaften sprechen eine klare Sprache. Das macht Männern das Leben nicht unbedingt leichter, weshalb die Emanzipation aufseiten der Männer meist mit Frust gesehen wird.

Dr. Daniels beschwert sich über diese Entwicklung nicht. Aber ihm ist es wichtig diese Umstände inner- und außerhalb seiner psychotherapeutischen Arbeit zu berücksichtigen. Besonders bei Paaren, die ihn in seiner Praxis aufsuchen, führt diese neue Rolle der Männer nicht selten zu Konflikten. Ihm fällt dabei immer wieder auf, dass Männer mehr wertgeschätzt werden möchten, genauso wie es Frauen wollen. Männer scheinen diesbezüglich nur etwas wehleidiger, da sie diese Doppelrolle weniger gewohnt sind. Frauen hatten diese schon immer und sehen sich durch ihre Emanzipationsmöglichkeiten in ihrer Autonomie als Frau, abseits ihrer Mutterschaft, bestärkt. Diese Veränderung ist also meist positiv besetzt für sie. Und wer eine positive Veränderung seiner Position erfährt, hat auch weniger zu beklagen.

Heute Abend ist Elmira besonders gut drauf. Sie können viel albern, in Ruhe gemeinsam zu Abend essen und sie lässt sich ohne Diskussionen von ihm für das Zubettgehen fertig machen. Er weiß, dass diese Kleinkindphase sehr schnell vorbei sein wird. Elmira wird schnell groß. Manchmal schaut er sich Fotos von ihr an, die gerade einmal wenige Monate alt sind. Trotzdem wirkt sie auf diesen Fotos wie ein ganz anderes Kind. Früher konnte er es nicht hören, wenn Leute ihm sagten, dass die Zeit ja so schnell vergehe, wenn man Kinder hat. Heute versteht er umso mehr, was die Leute damit meinten. Während Mina Elmira das Gute-Nacht-Lied vorsingt, kann er sich in Ruhe für das Bett vorbereiten. Morgen steht ein neuer Tag in der Praxis an. Das Abendessen schlägt ihm aber wieder auf den Magen. Die Bauchschmerzen und Verdauungsstörungen werden ihm zunehmend lästig. Dazu kommen neuerdings auch Rückenschmerzen, die womöglich dem ständigen Sitzen geschuldet sind. Er wollte sowieso irgendwann wieder mit Sport anfangen. Er hat auch schon darüber nachgedacht, sich bei seinem Arzt auf Unverträglichkeiten untersuchen zu lassen; später irgendwann!

Abends im Bett merkt er, dass ihn Mr. Sinner zum Nachdenken brachte. Dr. Daniels und Mina sind sich meist einig darüber, dass sie vorerst auf verschiedene Dinge verzichten sollten. Elmira ist für weite Reisen noch zu klein. Sie kann noch nicht ausdauernd genug laufen. Die Corona-Pandemie macht das Reisen kompliziert. Die Gesundheitsversorgung im Ausland ist nicht immer gut. Elmira verträgt vielleicht auch das Klima anderer Länder nicht … Es gibt für sie vielerlei Gründe.

Trotzdem bewegen ihn die Worte von Mr. Sinner. Zufällig stolpert er durch sein Smartphone, das er abends im Bett nochmals checkt, über eine Werbung einer dieser Weltkarten, die man an die Wand pinnen und jene Länder freirubbeln kann, die man besucht hat. Und plötzlich fasst er einen Entschluss. Er bestellt sie. Spontan spürt er den Willen etwas an der Haltung, das Reisen aufzuschieben zu ändern.

»Schau mal, was ich bestellt habe!«, sagt er zu Mina, die neben ihm im Bett liegt. Sie legt ihr Buch kurz ab und lehnt sich zu ihm rüber.

»Was ist das?«

»Eine Weltkarte. Die können wir an die Wand hängen und alle Länder freirubbeln, die wir schon besucht haben und zukünftig besuchen werden.«

»Das ist eine nette Idee. Besonders, wenn wir in den nächsten Jahren reisen werden.«

»Ich weiß gar nicht, ob wir dafür noch lange warten sollten.«

»Was meinst du?«, fragt sie verwundet.

»Ich hatte einen Patienten. Er ist unheilbar an Bauchspeicheldrüsenkrebs erkrankt.«

Mina ist ein sehr einfühlsamer und emotionaler Mensch. Aber sie ist dadurch auch kopflastig und zart betagt. »Oh mein Gott. Das ist ja furchtbar!«

»Ja, das ist es. Und weißt du, als er mir sagte, dass er aktuell sein Leben so frei wie noch nie gestaltet, brachte mich das zum Nachdenken. Er bereut es nämlich, seine Lebenszeit nicht stärker darauf verwendet zu haben, Dinge zu tun, die ihm Spaß bereiten. Wenn ich darüber nachdenke, glaube ich, dass wir uns immer selbst Bedingungen auferlegen, die uns von Dingen, die uns glücklich machen, fernhalten. Damit meinen wir es oft gut mit uns, aber meistens sind diese Bedingungen doch eigentlich nur Vorwände.«

»Wie meinst du das?«

»Na ja, schau mal! Wir würden gerne reisen. Aber wir setzen uns Bedingungen dafür. Elmira muss älter werden, die Corona-Pandemie muss vorbei sein usw. Wir wissen doch gar nicht, ob diese Pandemie in den kommenden Jahren vergeht oder ob die Dinge überhaupt jemals wieder so werden, wie sie mal waren.

Wir wissen auch nicht, ob es wirklich nötig ist, dass Elmira ein bestimmtes Alter haben muss. Und überhaupt? Wann soll denn dieses perfekte Alter sein?«

»Ich verstehe.« Mina denkt kurz nach. ›*Die Kunst des Lebens besteht darin, so zu leben, als würdest du für immer leben und zugleich so zu leben, als könntest du jeden Moment sterben.*‹

Er schaut sie fragend an. »Hast du mein Philosophiebuch gefressen?«

»Nein!« Sie muss laut lachen. Dabei hält sie sich die Hand vor ihren Mund, aus Angst davor, Elmira aufzuwecken. »Das Zitat stammt aus dem Islam. Unser Imam Ali hat das gesagt.«

»Es sagt im übertragenen Sinne das aus, woran ich bei uns denke. Wir vergeuden die Gegenwart damit, uns über die Zukunft zu freuen.«

»Wahrscheinlich hast du auch recht. Vielleicht können wir ja mal mit einer kleinen Reise anfangen. So wie ein Test.«

»Daran dachte ich auch. Und deshalb diese Karte. Ich glaube, sie kann uns vor Augen halten, dass wir noch nichts von unserer Welt gesehen haben. Und zeitgleich kann sie uns motivieren, immer häufiger zu reisen, wenn wir sehen, immer weiter herumgekommen zu sein.«

»So wie dein Raumschiff, von dem du immer erzählst. Ein Raumschiff, das sich immer mehr zutraut, das Universum zu explorieren und den sicheren Hafen auch mal verlässt. Das Mutterraumschiff, wie du es nennst.«

»Du scheinst mir ja manchmal sogar zuzuhören«,

neckt er sie. »Aber, ja! Genau so verhält es sich mit uns. Wir schieben immer wieder Gründe hervor, um uns vom Explorieren abzuhalten. Dabei würde uns das Reisen wahrscheinlich viel selbstsicherer machen. Wir würden feststellen, dass unserer Befürchtungen weit weg von dem sind, was wir tatsächlich erleben. So ist das auch bei meinen Patienten mit Angststörungen. Sie stellen sich die Dinge immer viel schlimmer vor, als sie es letztendlich sind.«

»Dann lass uns eine Reise planen!«, sagt Mina aufgeregt. Er mag ihre Begeisterungsfähigkeit, die sie oft aufbringt. »Wie wäre es denn mit Kanada? Es ist nicht so weit weg, aber die Natur dort soll atemberaubend sein.«

»Warum nicht?!«

Sie beginnen sofort, auf ihren Smartphones nach Angeboten in Kanada zu suchen. Dabei entsteht eine so heitere Atmosphäre, die nichts mit den üblichen Abenden zu tun hat. Sie spüren einen Enthusiasmus und eine Vorfreude. Allein in diesem Moment fühlt sich für Dr. Daniels nichts mehr so an wie früher. Eine Veränderung ist in Gange, durch eine bewusste Entscheidung, die sie getroffen haben. So einfach scheint es zu funktionieren.

Kapitel 7

Dr. Daniels hat Mittagspause in seiner Praxis. Es ist die Zeit, in der er sich auch Telefonaten widmet. Die wenigen Minuten zur Dokumentation der Sitzungen zwischen den Patienten ist meist zu kurz, um auch noch Telefonate zu führen. Er wählt die Telefonnummer vom alten Professor Rubinstein.

»Hallo, Schwester Betty. Dr. Daniels hier. Ist Professor Rubinstein zu sprechen?«

»Ich grüße Sie, Dr. Daniels. Der Herr Professor hat sich gestern leider für die gesamte Woche krankgemeldet. Ein junger Assistenzarzt, Mr. Tylor, übernimmt aber die Sprechstunde. Kann er Ihnen vielleicht weiterhelfen?«

»Nein, schon gut. Das ist nicht nötig. Ich wollte dem Professor nur eine Info zu unserem Patienten, Mr. Sinner, übermitteln.«

»Kann ich ihm die Info vielleicht ausrichten?«

»Ja, das wäre sehr nett. Danke! Es ist so, dass Mr. Sinner sich in der vergangenen Sitzung gegen eine Psychotherapie entschieden hat. Nichts Persönliches! Er hat sich nur dazu entschieden seine verbleibende Lebenszeit dem Reisen und anderen freudvollen Dingen zu widmen. Eine nachvollziehbare Entscheidung, wie ich finde.«

»Ich verstehe. Ich werde es dem Herrn Professor ausrichten. Wenn ich mich nicht täusche, hat Mr. Sinner auch alle weiteren Termine bei ihm abgesagt. Er meinte, er befände sich nun in Europa.«

»Tatsächlich?«

»Ja! Herr Professor war etwas besorgt, da er die potenziell lebensverlängernden Behandlungszyklen somit auch nicht mehr wahrnimmt.«

»Ich denke, wir sollten diese Entscheidung akzeptieren.«

»Wahrscheinlich, Dr. Daniels. Wir können ja leider ohnehin nichts mehr für ihn tun.« Schwester Bettys Tonfall klang sehr einfühlsam.

»Ich finde es toll, dass er sich die Zeit für sich nimmt. Davon sollten wir uns eine Scheibe abschneiden.«

»Ja, aber wie soll das gehen? Wir haben ja so viel zu tun. Die Arbeit, Familie, Schulausflüge der Kinder usw.«

»Ich denke, dass Mr. Sinner uns gerade lehrt, dass es genau darum geht. Wir treffen die Entscheidung darüber, ob wir uns die Zeit nehmen oder nicht. Wir setzen die Prioritäten und entscheiden darüber, was für uns im Leben dominierend ist.«

»Ich höre Ihnen so gerne zu, Dr. Daniels.«, lachte Schwester Betty. »Sie klingen immer so philosophisch. Sie sollten darüber nachdenken, ein Buch zu schreiben. Wenn Sie so schreiben können, wie Sie reden, verkauft es sich bestimmt gut.«

Nun musste auch er lachen. »Vielleicht werde ich das tun. Aber sehen Sie, natürlich hat der Tag für uns alle nur 24 Stunden. Und gerade deshalb sollten wir uns darauf besinnen, was uns wirklich wichtig ist. Für was will ich meine 24 Stunden heute investieren? Diese Frage sollten wir uns jeden Morgen bewusst stellen, anstatt uns einfach blind dem Alltäglichen hinzugeben.«

»Aber wir müssen doch zur Arbeit gehen.«

»Schwester Betty, ich empfehle meinen Patienten, das Wort müssen aus ihrem Wortschatz zu streichen. Sie entscheiden sich dafür zu arbeiten, aus sicherlich guten Gründen. Es ist aber nicht so, dass wir es müssen. Wir denken in diesem Zwang schon fast mantraartig, weil wir so sozialisiert werden. Es ist Pflicht, in die Schule zu gehen. Es ist die Pflicht, seinen Beitrag für das Wirtschaftswachstum unseres Landes durch Arbeit beizutragen. Es wird erwartet zu heiraten und Kinder zu bekommen. Diese Erwartungen erleben wir als einen so festen Bestandteil unseres Selbst, dass wir glauben, mit diesen Einstellungen geboren zu sein.

Das führt dazu, dass wir uns nie die Frage stellen, wie unser Leben aussehen würde, wenn wir uns manchen Zwängen entsagen würden. Das bedeutet, welche Folgen hätte das dann? Aber auch, welche Chancen würden sich dann ergeben? Was ich damit sagen will, ist, Sie sollten zur Arbeit gehen, wenn Sie nicht mit den Konsequenzen Ihres Chefs rechnen wollen. Sie sollten arbeiten, wenn Sie Ihren Lebensstandard beibehalten möchten. Anstatt aber zu glauben, es zu müssen, ist es wichtig, sich bewusst zu werden, dass Sie sich entscheiden, es zu tun. Es gibt Ihnen finanzielle Sicherheit, Stabilität und eine klare Orientierung in Ihrem Leben. Ich denke, das ist es, was uns alle in unseren gewohnten Mustern hält. Aber es gibt durchaus Menschen, die geben all das auf, weil genau diese sicherheitsbietenden Muster sie zugleich neuer Erfahrungen und Wachstumsmöglichkeiten berauben. Und mit diesen Wachstumsmöglichkeiten meine ich vor allem die Identitätsentwicklung. Wie soll ich mich denn in meiner Identität weiterentwickeln, wenn ich mich selbst stets von einigen wenigen Seiten kennenlerne?

Nehmen Sie mich zum Beispiel. Ich bin Psychotherapeut und Familienvater. Ich glaube aber, dass ich viel kreativer sein kann. Ich würde gerne mal Pianounterricht nehmen, um auszuprobieren, ob mir das liegt. Ich würde gerne auch malen. Ich glaube, das könnte mir auch Spaß machen. Und vielleicht habe ich ja sogar Talent. Aber probiere ich mich darin aus? Nein! Und warum nicht? Weil ich das tue, was die meisten Menschen tun. Ich mache das, was ich immer tue und reduziere mein Selbst auf diese wenigen Facetten meines Lebens. Und deshalb sollten wir mit unseren gewohnten Mustern brechen, wenn wir glauben, uns Möglichkeiten im Leben zu berauben. Aber mit unseren gewohnten Mustern zu brechen, ist ein extrem mutiger Akt. Finanzielle Unsicherheit, Instabilität, Orientierungslosigkeit … So etwas ist schwer auszuhalten. Wobei es sich wahrscheinlich nur temporär falsch anfühlen würde, bis wir einen neuen Lebensentwurf kreiert haben. Bis das Neue zur Gewohnheit wird.«

Er merkt, dass er sich soeben förmlich in einen Zustand der Ekstase geredet hatte und ist für einen Moment peinlich berührt. Schwester Betty am anderen Ende des Telefons schweigt einen Augenblick. »Und das haben Sie alles von diesem Mr. Sinner gehört?«

»Nicht doch! Oder … zumindest nicht direkt. Aber es ist das, was ich aus seiner Geschichte gelernt habe. Wir haben keine Zeit, um uns mit selbst auferlegten Zwängen im Leben aufzuhalten.«

»Hach!«, seufzt Schwester Betty durch den Hörer. »Ich wünschte, es wäre so leicht!«

»Niemand sagt, dass es leicht ist.«

»Ich würde nie meinen Job aufgeben können. Er bereitet mir ja auch Freude. Und außerdem …«

Er unterbricht sie.

»Um Gottes willen! Das wollte ich damit auch nicht sagen. Ich meine, es gibt kleinere Schritte, um mehr Zufriedenheit zu erlangen, ohne in Extreme verfallen zu müssen. Meine Frau Mina und ich haben zum Beispiel kürzlich entschieden, nicht mit dem Reisen solange zu warten. Wir haben beide den großen Wunsch zu reisen. Das wäre ohne ein sicheres Einkommen zum Beispiel nicht so leicht umzusetzen. Was wir lernen sollten ist, uns nun die Zeit dafür zu nehmen und den Mut aufzubringen, nicht jedes potenzielle Risiko, das mit einer Reise verbunden ist, drei Mal zu durchdenken.«

»Sie meinen also, kleine Schritte zu machen. Erst mal Dinge angehen, die man sich vorgenommen hat, ohne ständig darauf zu warten, bis ein besserer Zeitpunkt kommt.«

»Exakt, Schwester Betty!«

»Darüber werde ich wohl nachdenken. Danke für die kostenlose Therapiesitzung, Dr. Daniels«, scherzt sie. »Leider warten die Patienten auf mich. Ich würde mir gerne noch mehr Zeit nehmen, um mit Ihnen weiter darüber zu reden, aber nun muss ich zur Blutabnahme ins Schwesternzimmer. Ich meine natürlich, ich *sollte* zur Blutabnahme, wenn ich nicht will, dass meine Kollegen mich lynchen. Ich werde dem Professor Ihre Information übermitteln. Falls nötig, wird er sich bei Ihnen melden, wenn er wieder genesen ist. Ich wünsche Ihnen eine schöne Restwoche. Und vielen Dank für die Anregungen. Ich bin sicher, ich werde darüber nachdenken müssen.«

»Gern geschehen, Schwester Betty. Und vielen Dank! Ich wünsche Ihnen auch …« Da ertönt bereits das typische Geräusch, wenn jemand den Hörer auflegt. »… eine schöne Restwoche«, fügt er für sich leise hinzu.

◆◆◆

Dr. Daniels begibt sich heute zeitiger auf den Heimweg. Heute ist Elterngespräch im Kindergarten. Er legt hohen Wert darauf, zu solchen Terminen zu erscheinen. Elmira wird bald drei Jahre alt. Deshalb geht es heute darum, ob sie geeignet ist, um von der Gruppe mit den jüngsten Kindern in die Gruppe mit den nächstälteren Kindern zu wechseln. Obwohl er zeitiger Feierabend macht, ist er etwas spät dran. Und die Parkplatzsuche trägt ihr Übliches bei. Chicago in der Rush Hour ist auch mit Vätern kleiner Kinder erbarmungslos. Er findet einen Parkplatz, der aber rund fünfzehn Minuten Fußweg vom Kindergarten entfernt ist. So viel Zeit hat er nicht! Er sieht einen dieser batteriebetriebenen City Roller, die man über ein Smartphone freischalten und leihen kann. Er ist genervt von diesen Dingern, da sie immer nur im Weg herumstehen und die Leute damit rücksichtslos auf den Fußwegen unterwegs sind. Deshalb hat er sich geschworen, diese Roller zu boykottieren. Er würde nie einen nutzen, hat er sich immer gesagt. Es geht ihm dabei ums Prinzip und um nichts anderes. Aber jetzt zählt jede Minute. Er denkt kurz darüber nach, wie er auf einem dieser Roller für Außenstehende wirkt. Womöglich ärgern sich die Leute genauso über ihn, wie er sich immer über die anderen Rollerfahrer. Eigentlich sieht es aber immer nach einer Menge Spaß aus, wenn er die Leute damit herumfahren sieht. Und da gibt es noch ein *eigentlich*: Ist eine Sache, die er aus Mr. Sinners Schicksal lernen sollte nicht die, dass man sein Leben nicht damit vergeuden sollte, darüber nachzudenken, was andere über einen denken könnten? Ist es nicht auch das, was er tagtäglich seinen Patienten als Erkenntnisgewinn mitgeben will? Ist es nicht ebenso selbstlimitierend, wenn man Dinge nicht macht, nur aus der Sorge heraus, die eigene Außenwirkung könnte von anderen negativ bewertet werden? Oder einfach nur, weil man sich irgendwann einmal Prinzipien festgelegt hat.

Er greift nach seinem Smartphone und lädt sich die App des City-Roller-Anbieters herunter. Allein dabei ist er erstaunt, wie unkompliziert und schnell die Registrierung funktioniert. »Nicht übel«, murmelt er vor sich hin. Nach einigen Sicherheitshinweisen schaltet sich der Roller frei. Durch ein Klickgeräusch und eine grüne Leuchte am Griff, sieht er, dass er loslegen kann. Er hat sein Prinzip gebrochen. Und irgendwie fühlt es sich gut an, bemerkt er. Denn dieses Prinzip beruhte auf Trotz und einer subtilen Form der sozialen Angst. Und nun!? Nun, steht er auf dem Roller, gibt Gas und der Wind saust ihm um die Ohren. Das Gefühl, wie schnell er durch den Feierabendverkehr huscht, ist befreiend. Es erinnert ihn an seine Jugend, als er ein enthusiastischer Skateboarder in der Chicagoer Szene war. Er bemerkt, wie sein Adrenalin durch das Tempo steigt. Aber was noch viel stärker auf ihn wirkt, ist, dass er sein gewohntes Muster durchbrochen hat. Auch in solch kleinen Dingen spüren wir Veränderungen in uns selbst. Er fühlt sich locker und gelöst. Er hat das Gefühl, den ernsten und sachlichen jungen Herren am Parkplatz seines Autos stehengelassen zu haben. Und im Nu ist er am Kindergarten angekommen. Drei Minuten verspätet, was nach seinem Verständnis noch als pünktlich durchgeht.

Schnell durch die Eingangstür, den langen Flur entlang, zum Zimmer der Kindergartenleiterin. Dort wird er schon von Mina, der Gruppenerzieherin Ms. Hofmann und der Leiterin Ms. Mayweather lächelnd erwartet.

»Warst du das auf diesem City Roller?«, begrüßt ihn Mina mehr als verwundert. »Wir haben dich durch das Fenster kommen sehen.«

Schmunzelnd entgegnet er ihr: »Ja! Und ich sage dir, diese Teile bringen dich mit Leichtigkeit durch den Verkehr. Eine tolle Erfindung!«

»Dass ich das einmal aus deinem Mund höre, hätte ich mir nie träumen lassen.«

Nachdem sich alle begrüßt haben, nehmen sie Platz und Ms. Mayweather eröffnet das Gespräch.

»Ms. und Mr. Daniels, Elmira ist ein wahrer Sonnenschein«, beginnt die korpulente mittfünfzigjährige

Frau. »Sie ist sprachlich sehr weit entwickelt und für andere Kinder ein gern gesehener Spielpartner.«

Mina und er nicken ihr zufrieden und bestätigend zu.

»Was auffällt ist, dass sie etwas bewegungsfaul ist. Während andere Kinder umhertoben, schleicht sie immer gemächlich herum und wirkt eher bequem.«

»Um ehrlich zu sein, habe ich sie noch nie rennen sehen«, fügt Ms. Hofmann lachend ein.

»Sie kann aber rennen, das kann ich Ihnen versichern«, entgegnet Mina.

»Was uns noch Probleme bereitet ist, dass sie noch nicht sauber mit der Gabel und dem Löffel essen kann. Am Tisch spielt sie viel mit dem Essen herum und benutzt ihre Finger zum Essen. Aus diesem Grund sehen wir noch keine Chance für sie, in die größere Gruppe zu wechseln.«

Mina und er sind gleichermaßen verwundert. »Zuhause isst sie aber mit dem Besteck. Und bei unserem vergangenen Gespräch vor drei Monaten, teilte uns ihre Kollegin mit, dass Elmira sehr gute Tischmanieren zeigt und einwandfrei mit dem Besteck isst«, kontert Mina.

Die beiden Damen schauen sich fragend an. Dann ergreift Ms. Hofmann das Wort. »Ich kann nur für die aktuelle Situation reden. Es scheint so, als ob Elmira diesbezüglich große Rückschritte gemacht hat.«

Dr. Daniels merkt, wie der Ärger in ihm hochkommt. Zwar ist der Ton untereinander wie immer freundlich und es läuft sachlich ab. Aber, er hat wenig

Verständnis für das Scheuklappenurteil der Erzieherinnen über seine Tochter.

»Meine Damen, ich möchte eines zu bedenken geben. Elmira ist nun seit mehr als einen Monat das letzte von den Kindern, mit denen sie in den Kindergarten kam, die darauf wartet, dass sie in die größere Gruppe wechseln kann. Alle Kinder mit denen sie aktuell in der Gruppe ist, kamen später hinzu und sind auch deutlich jünger als sie.« Er wendet sich Ms. Hofmann zu. »Wie alt ist das nächstältere Kind nach meiner Tochter, Ms. Hofmann?«

»Hm … lassen Sie mich überlegen. Das dürfte Tom sein. Er ist 18 Monate alt.«

»Kann es nicht sein, dass meine Tochter diese von Ihnen erwähnten Rückschritte macht, weil sie fast nur noch von Kindern umgeben ist, die aufgrund ihres Alters noch nicht mit Besteck essen können? Ich meine damit, dass sie ein Kind doch nicht unabhängig von seinen Umgebungsfaktoren beurteilen können. Wir orientieren uns doch alle irgendwo an unseren Mitmenschen und passen uns den Gegebenheiten an. Kinder machen das in einem noch viel stärkeren Ausmaß, oder etwa nicht? Wenn Sie also mich fragen, ist das Problem nicht darin zu sehen, dass es Elmira an einer angemessenen Entwicklung fehlt, sondern dass sie als fast Dreijährige immer noch unter Einjährigen verkehrt. Es ist vielleicht höchste Zeit, dass sie in die größere Gruppe wechseln kann. Während sie also Elmiras Verhalten als Grund für ihre Entscheidung betrachten, sie nicht wechseln zu lassen, sehe ich ihr Verhalten als eine Folge dessen, dass sie sie nicht wechseln lassen.«

»Meinetwegen!«, brachte Ms. Mayweather sich ein. »Aber da gibt es ein weiteres Problem. Sie braucht für ihr großes Geschäft immer noch eine Windel. Das mit dem kleinen funktioniert wunderbar, aber dass sie noch nicht in das Töpfchen macht, ist problematisch. Die Kolleginnen in der größeren Gruppe haben keine Zeit dafür, den Kindern die Windeln zu wechseln.«

»Wissen Sie, Ms. Mayweather, meine Praxis ist voller Menschen, die sich von unserer Gesellschaft abgehängt fühlen. Und ich glaube, die dafür ursächliche Dynamik beginnt hier, an dieser Stelle.« Er tippt mit dem Finger symbolisch auf den vor ihm stehenden Tisch.

Alle schauen ihn nun erwartungsvoll an, da anscheinend unklar ist, worauf er hinauswill.

»Wenn bereits ein Kleinkind nicht partizipieren darf, weil es gewisse Kriterien nicht erfüllt, dann halte ich das für ein gefährliches Vorzeichen unserer Zeit.«

An dieser Stelle lehnt sich Mina zufrieden zurück, weil sie weiß, dass ihr Mann die Damen jetzt durch eine seiner berühmten Ansprachen überzeugen würde. Wenn Dr. Daniels eines kann, dann überzeugend reden.

»Die Neuroplastizität ist bei Kleinkindern so hoch wie nie wieder in unserem Leben. Das ermöglicht ihnen Entwicklungssprünge, die für uns Erwachsene niemals mehr erreichbar sind. Aber diese Entwicklungssprünge sind ebenso individuell, auch wenn es mehr oder weniger gute wissenschaftliche Befunde dafür gibt, ab wann Kinder, welche Fähigkeiten entwickelt haben sollten. Wenn Kinder davon nicht extrem abweichen, sollten diese Stadien nur eine Orientierung darstellen und nicht als unverhandelbare Standards verstanden werden. Manche Kinder werden schneller sauber, manche Kinder etwas später. Aber Letztere zeigen deshalb keine Fehlentwicklung. Was Sie allerdings hier und jetzt vermitteln, ist, wer nicht zügig genug ist, muss auf der Strecke bleiben. Und dieses Signal kommt ausgerechnet von einer Generation von Menschen, für die der Begriff *Burn-out* erfunden wurde.«

Sein Ton ist ruhig, aber bestimmend. Im Raum ist Stille. Dann setzt er nach.

»Wissen Sie, was das Schlimmste ist, was wir Menschen mit einem Down-Syndrom jemals angetan haben?« Ms. Hofmann und Ms. Mayweather schütteln verunsichert mit dem Kopf.

»Wir haben ihnen Entwicklungschancen genommen, indem wir ihnen nichts zugetraut haben. Es herrschte lange Einigkeit darüber, dass sie nicht lernfähig seien, dass man sie stets beaufsichtigen muss und dass man sie wie Kleinkinder betrachten sollte. Mittlerweile haben wir Menschen mit einem Down-Syndrom, die an Universitäten studieren. Das ist nur möglich, weil man aufgehört hat, sie klein zu halten. Machen sie das nicht mit Elmira. Ihr regressives Verhalten ist eine Reaktion auf ihre Umstände unter den deutlich kleineren Kindern und nicht etwa die Grundlage dafür, dass sie dort hingehört.«

Ms. Hofmann seufzt. Ms. Mayweather nickt zustimmend mit dem Kopf. Dann lenkt sie ein.

»Na gut, Mr. Daniels. Ich mache Ihnen folgenden

Vorschlag: Ab kommender Woche kann Elmira für eine Woche probehalber in die größere Gruppe wechseln. Dann können wir schauen, wie es sich verhält.« Sie schaut zu Ms. Hofmann herüber, um ihre Zustimmung abzuwarten. »Ja, einverstanden!«, stößt sie mit einem weiteren Seufzer aus.

Mina lächelt die beiden Damen zufrieden an. »Dann kann Elmira sie ja dann überzeugen.«

Als beide das Zimmer der Kindergartenleitung verlassen, um Elmira aus der Gruppe abzuholen, schauen sie sich entspannt an. »Meinst du, das klappt in einer Woche?«, fragt Mina ihn. In diesem Moment sehen sie Elmira durch eine Glasscheibe des Spielraumes auf einem Tisch ausgelassen tanzen und singen. Vier kleinere Kinder stehen lachend vor ihr und lassen sich von ihr zu Tanzbewegungen animieren. In dem Moment schauen sich beide an und müssen lachen. »Und ob!«, sagt er zu ihr und legt seinen Arm um ihre Schultern.

Kapitel 8

Es ist Freitagnachmittag. Dr. Daniels befindet sich in der letzten Therapiesitzung für diese Woche. Ms. Martinez hat mit schweren Panikattacken zu kämpfen. Als Mexikanerin lebt sie förmlich von ihrem Temperament. Aber sie laugt sich selbst aus, indem sie sich zu viel abverlangt. Damit stehen auch die Panikattacken in Verbindung, was sie verstehen sollte. In der Regel kann man das seinen Patienten aber nicht einfach sagen, sonst verhält es sich wie bei einer Infoveranstaltung. In ein Ohr rein, aus dem anderen Ohr heraus. Er sollte sie also dazu bringen, selbst zu dieser Erkenntnis zu kommen.

»Etwas war komisch in dieser Woche, Herr Doktor!«

»Was meinen Sie mit komisch?«

»Ich hatte endlich mal Zeit allein. Mein Mann hatte viel zu arbeiten und meine Söhne nutzten das etwas mildere Wetter zum Campen.«

»Und?«

»Ich habe mir deshalb viel vorgenommen. Den Haushalt in Ordnung bringen und alle Projekte für meine geplante Selbstständigkeit abarbeiten.«

»Und?«

»Ich habe am Montag und Dienstag das ganze Haus auf Vordermann gebracht. Zuerst staubsaugen, dann staubwischen, dann den Boden wienern, die Katzentoiletten reinigen, die Gardinen waschen, die Betten frisch beziehen, die Fenster putzen usw.«

»Und?«

»Am Mittwoch habe ich dann die Blumen gegossen

und wollte dann eigentlich mit einem Arbeitsprojekt starten. Die ersten Entwürfe für meine Innendesignportfolie erstellen. Stattdessen habe ich dann aber zwei Stunden meine Lieblingsserie geschaut. Danach hatte ich solch ein schlechtes Gewissen, dass ich bis 2 Uhr morgens durchgearbeitet habe, ohne Pause!«

»Und weiter?«

»Am nächsten Morgen hatte ich dann solche Kopfschmerzen, die in einen Migräneanfall führten. Das hat mich den ganzen Donnerstag gekostet. Und am Freitag hatte ich dann nur noch bis zum späten Nachmittag Zeit, um den Dachboden aufzuräumen und mein Portfolio zu Ende zu erstellen. Das Portfolio wurde natürlich nicht fertig, da mein Mann dann schon von der Arbeit zurückkam. Das war es dann mit der Ruhe. Ich habe letztendlich nichts geschafft.«

»Sie haben also staubgesaugt, staubgewischt, den Boden gewienert, die Katzentoiletten saubergemacht, die Gardinen gewaschen, die Betten bezogen, die Fenster geputzt, die Blumen gegossen und ihr Portfolio begonnen. Nebenher hat Sie Ihre Migräne für einen Tag schachmatt gesetzt, bevor Sie den Dachboden aufgeräumt haben. Und letztendlich haben Sie nichts geschafft!« Er betonte das Wort ›nichts‹ unüberhörbar.

Ms. Martinez zuckt verlegen mit ihren Schultern. »Wenn Sie das so sagen, klingt es irgendwie albern.«

»Ich habe nur wiederholt, was Sie gesagt haben.«

»Und ich staune, wie sie sich das alles gemerkt haben. Spielen Sie oft Merkspiele?«

»Lassen Sie uns beim Thema bleiben, Ms. Martinez!«

»Verzeihung! Ja natürlich.«

»Warum meinen Sie, nichts geschafft zu haben?«

»Ich weiß nicht. Irgendwie habe ich mich so unnütz gefühlt, als ich meine Serie geschaut habe.«

»Warum das?«

»Ich weiß nicht.«

»Ms. Martinez, ich möchte Sie um eines bitten. Wenn ich Sie nach der Länge des Nils frage, dann dürfen Sie so etwas nicht wissen. Wenn es also um Faktenwissen geht, bin ich mit solch einer Antwort einverstanden. Wenn ich Sie nach Ihren Gedanken, Gefühlen oder Einstellungen frage, möchte ich, dass Sie einen Moment darüber nachdenken, bevor Sie antworten. Und dann möchte ich, dass Sie mir mitteilen, was Ihnen spontan in den Sinn kommt. Dabei gibt es kein Richtig oder Falsch. Einverstanden?«

»O. k., Doktor! Was war die Frage?«

»Ich wollte von Ihnen wissen, warum es sich für Sie unnütz anfühlte, zwei Stunden Ihre Lieblingsserie zu schauen.«

»Ich denke, es ist unproduktiv.«

»Ich verstehe! Das klingt so, als verlangen Sie von sich ständige Produktivität.«

»Gewissermaßen schon«, äußert sie nachdenklich. Dabei schaut sie verlegen auf den Boden.

»Wir haben uns in der Vergangenheit oft über die Erziehungseinstellungen Ihrer Eltern unterhalten, die stets hart arbeiten mussten, um Geld zu verdienen. Deshalb mussten sie immer funktionieren. Der Haushalt musste gemacht sein, das Essen gekocht sein, die Schularbeiten erledigt sein und ihr Bruder bettfertig gemacht sein. Wir haben uns auch darüber unterhalten, inwiefern Sie sich heutzutage, als erwachsene Frau, komplementär zu diesen verinnerlichten Erwartungen Ihrer Eltern verhalten. Es ist ein Teil Ihres Selbst geworden zu funktionieren.«

»Ja, darüber haben wir gesprochen. Und ich habe auch verstanden, warum ich so geworden bin.«

»Ausgezeichnet! Und jetzt, als erwachsene Frau, ist Ihr Leben nicht weniger komplex. Sie führen eine Ehe, Sie haben Kinder, Sie haben einen Haushalt und Sie machen sich gerade beruflich selbstständig. Dabei kam mir gerade die Frage, wo Ihre Grenzen sind?«

»Das wüsste ich auch gerne!«

»Ich frage mich, inwiefern Sie glauben, all Ihre Lebensbereiche unter Kontrolle zu haben.«

»Das ist es ja! Wann immer ich glaube, etwas unter Kontrolle bekommen zu haben, flutscht mir etwas anderes außer Kontrolle.«

»Wie meinen Sie das?«

»Wenn ich mich ausreichend auf meine Selbstständigkeit konzentriere, schaffe ich den Haushalt nicht mehr. Wenn ich dann den Haushalt unter den Hut bekommen will, schaffe ich mein Work-out nicht mehr usw.«

»Ist es denn möglich, alles unter den besagten Hut zu bekommen, was Sie unter Kontrolle haben möchten?«

Sie beißt sich nachdenklich auf die Unterlippe. »Wenn es mir nicht gelingt, fühle ich mich schuldig.«

»Das ist Ihr fordernder Elternanteil. Er induziert diese Schuld. Aber das war nicht meine Frage. Meine Frage lautete, ob es denn möglich ist, alles unter den besagten Hut zu bekommen, was Sie unter Kontrolle haben möchten?«

Ms. Martinez wirkt abgekämpft. Wie ein Boxer, der soeben verstanden hat, dass er in der zwölften Runde hoffnungslos nach Punkten zurückliegt und ein Lucky Punch zum Sieg reines Wunschdenken ist.

»Ich befürchte, ich verlange zu viel von mir. Oder?«

»Ich kann Ihnen diese Frage nicht beantworten. Aber Sie können es vielleicht.«

»Ich kann mir vorstellen, dass ich mich vor unüberwindbare Aufgaben stelle. In so einem Ausmaß, dass ich nur scheitern kann. Und wenn ich dann scheitere, fühle ich mich wie eine Versagerin!«

»Deshalb versuchen Sie, alles stets unter Kontrolle zu haben. Was Ihnen nicht gelingen kann. Niemand kann alles zu jeder Zeit kontrollieren. Und jedes Mal, wenn Sie das erleben reagiert ihr Körper darauf.«

Sie blickt mit offenen Augen und geöffneten Mund auf. So als ob Sie eine Eingebung hat. »Mit Panik!«, sagt sie mit leiser Stimme. »Sie meinen meine Panikattacken sind ein Ausdruck meines ständig empfundenen Kontrollverlustes über mein Leben?«

»Ich glaube, Sie wollten das sagen.«

»Das würde zumindest Sinn ergeben.« Sie sieht nachdenklich aus. »Dabei fällt mir gerade ein, dass ich in letzter Zeit auch ein schlechtes Gewissen habe, wenn ich Süßigkeiten zu mir nehme. Ich bilde mir dann sofort ein, fett zu sein.«

»Sind Sie es?«

»Eigentlich nicht.« Dabei schaut sie sich prüfend auf ihre Oberschenkel. »Und wenn ich dann etwas Süßes gekauft habe, ist es so, als hätte ich zwei Stimmen in mir. Die eine sagt, dass es okay ist, etwas zu naschen. Die andere sagt, ich sollte es nicht tun.«

»Warum möchte ein Teil von Ihnen nicht, dass Sie naschen, Ms. Martinez?«

»Ich habe Angst, dick zu werden.«

»Und wenn?«

»Die Leute könnten mich dann nicht mehr mögen. Kunden würden mich vielleicht eklig finden.«

»Weil Sie dick sind?«

»Das ist nicht das einzige Problem. Ich will, dass die Leute mich charakterlich und äußerlich mögen.«

»Sie wollen immer produktiv sein, fehlerfrei funktionieren, attraktiv sein und charakterlich unfehlbar?«

»Puh … was stimmt mit mir nicht, Doktor? Ich will wohl der erste perfekte Mensch der Welt sein.«

»Das klingt nach einer harten Aufgabe. Und da wir uns beide darüber einig sein dürften, dass Sie an dieser Aufgabe nur scheitern können, leiden Sie unter dem ständigen Gefühl, Ihr Leben nicht im Griff zu haben.«

»Ich verlange zu viel von mir!«, sie nickt zustimmend. Dann blickt Sie ihn erwartungsvoll an. »Was kann ich denn dagegen tun? Ich kann es ja nicht einfach abschalten.«

»Ihr dominierendes Bedürfnis ist Kontrolle. Um Ihr Problem zu lösen, sollten Sie lernen, diese abzugeben. Sie sollten akzeptieren, dass Sie nicht jeden Aspekt Ihres Lebens unter Kontrolle haben können.«

»Ich müsste lockerlassen, glaube ich. Das kann ich nämlich gar nicht. Ich kann ja noch nicht einmal zwei Stunden auf der Couch liegen, um meine Serie zu schauen.«

»Lockerlassen! Das gefällt mir, Ms. Martinez. Vielleicht ist das ein Weg. Dazu könnten wir in der kommenden Sitzung ein kleines Experiment starten.«

Sie schaut ihn fragend an.

»Was halten Sie denn davon, wenn Sie sich in unserer nächsten Sitzung auf meine Couch legen. Das machen meine Patienten üblicherweise so.«

»Ich weiß nicht, ob ich das kann.«

»Ich auch nicht, Ms. Martinez. Aber wir könnten es versuchen. Das Hinlegen wäre eine Form des Lockerlassens und des Abgebens von Kontrolle. Ich meine, wenn Sie sich jetzt mal Ihre eigene Sitzhaltung anschauen könnten. Was würden Sie sehen?«

Sie schaut prüfend an sich hinab.

»Ich sitze ziemlich gerade.«

»Ja, weiter! Beschreiben Sie, was Sie sehen würden!«

»Meine Hände liegen geschlossen auf meinem Schoss. Meine Beine sind zusammengepresst und mein Rücken gerade.«

»Ist Ihnen jemals aufgefallen, dass Sie sich noch nie in einer Sitzung angelehnt haben? Meine Couch hat dafür eine Rückenlehne, die Sie nie berühren. So als ob Sie jeden Moment zur Flucht bereit sind.«

»Das ist eigentlich auch Kontrolle!«, bemerkt sie. »Ich versuche, die Situation unter Kontrolle zu haben.«

»Gewissermaßen schon. Zumindest lassen Sie sich nicht körperlich darauf ein, hier zu sein.«

»Vielleicht versuchen wir es das nächste Mal erst mit dem Anlehnen, Doktor?«

»Warum nicht? Sie geben das Tempo vor. Einverstanden!«

»Abgemacht!«, sie lächelt erleichtert.

»Ich glaube, das ist ein guter Schlusspunkt für unsere heutige Sitzung, Ms. Martinez.«

»Ja, das finde ich auch.« Sie nickt ihm zufrieden zu.

◆◆◆

Bevor er nach Feierabend zu seinem Wagen geht, leert er den Briefkasten. Neben einigen Werbebroschüren und Briefen fällt ihm eine Postkarte auf. Das Motiv der Karte zeigt eine alte, historisch aussehende Brücke und ein Schloss auf einem Berg im Hintergrund. Darüber der Schriftzug ›Herzliche Grüße aus Heidelberg‹. Heidelberg? Noch nie hatte er von einer Stadt namens Heidelberg gehört. Als er die Karte umdreht, erkennt er die Schrift eines Teenagers. Unbeschwert und großspurig erscheint die Schrift.

Lieber Dr. Daniels,

aktuell befinde ich mich in Deutschland. Sie sagten ja, dass Sie vorhaben, Europa zu bereisen. Heidelberg ist eine wunderschöne Stadt, mit viel Geschichte und Kultur. Für Teenager meist nicht so interessant. Für einen Teenager wie mich aber genau das Richtige! Ich hoffe, Sie brechen bald zu Ihren Träumen auf und lassen sie nicht zu lange warten. Für nichts anderes ist mehr Zeit!

Beginnen Sie zu leben!

Herzliche Grüße

Mr. Sinner

Der Text beschert ihm ein Lächeln auf dem Gesicht. Und beim Betrachten des Motivs auf der Karte verspürt er Fernweh. Zugleich wird ihm schwer ums Herz, wissend dass Mr. Sinner nur mehr wenige Wochen bleiben dürften. Sein Zustand wird sich zunehmend verschlechtern und ihn zwingen, seine Reise abzubrechen. Die Worte des Teenagers haben auch etwas Mahnendes an sich. ›Beginnen Sie zu leben!‹

Ihm fällt die geplante Reise nach Kanada ein. Seitdem er mit Mina einige Angebote durchgeschaut hat, haben sie kaum mehr ernsthaft darüber gesprochen. So läuft es meistens. Die Gewohnheiten zu durchbrechen, ist kein leichtes Unterfangen. Dabei fühlte es sich doch an dem Abend, als sie es sich vorgenommen hatten, so gut an. So schnell werden also positive Emotionen von der sicherheitsbietenden Gewohnheit überschattet. Heute Abend würde er den Ball wieder aufnehmen, um die Vorzeichen auf Veränderung zu stellen.

◆◆◆

Im Podcast auf dem Weg nach Hause dreht es sich heute um das Universum und die Raumfahrt. Eine neue Leidenschaft von ihm. Es heißt, dass sich das Universum immer weiter und immer schneller ausdehnt. Wohin? Darauf gibt es keine zufriedenstellenden Antworten, sagt der eingeladene Wissenschaftler. Vermutlich dehnt es sich ins Nichts aus. Aber wie kann sich etwas ins Nichts ausdehnen? Genau das liebt Dr. Daniels an der Astronomie. Es liegt außerhalb der Reichweite unserer Logik und unseres Vorstellungsvermögens. Paradoxerweise nähern sich unsere Milchstraße und unsere Nachbargalaxie, Andromeda, mit 120 Kilometern pro Sekunde an, trotz der Ausdehnung des Universums. Somit werden sie in etwa drei Milliarden Jahren miteinander kollidieren. 120 Kilometer pro Sekunde und es dauert drei Milliarden Jahre. Was für eine unfassbare Entfernung muss zwischen den beiden Galaxien liegen? Er versucht, es nachzurechnen, aber dann fällt ihm wieder ein, wie schlecht er im Rechnen ist. Welche Relationen können unsere Sorgen und Ängste angesichts dieses unendlichen Raumes haben?

Wenn ein Mensch stirbt, stirbt einer von rund acht Milliarden Menschen der Erde. Wenn die Menschheit stirbt, stirbt eine von mehreren Millionen Arten dieser Erde. Wenn der Planet Erde stirbt, stirbt einer von acht Planeten unseres Sonnensystems. Wenn unser Sonnensystem stirbt, stirbt eines von rund 150 Milliarden Sonnensystemen unserer Galaxie.

Wenn unsere Galaxie stirbt, stirbt eine von rund 100 Milliarden Galaxien im Universum.

In Anbetracht dessen ist jeder Einzelne von uns bedeutungslos. Wie ein Sandkorn, das aus der Sahara verschwindet. Sich dem bewusst zu werden, kann uns im Alltag helfen, etwas Distanz zu unseren Problemen zu erlangen. Vor allem zu jenen Problemen, die gar keine sein sollten. Wie die Sitzheizung seines Jaguars, die immer noch nicht repariert ist. Wir nehmen uns oftmals zu ernst und halten Dinge für zu wichtig. Wenn wir uns unserer Unbedeutsamkeit im Großen und Ganzen öfter klar werden würden, könnten wir unser Leben weniger verbissen betrachten. Es könnte uns die nötige Leichtigkeit bescheren, so wie sie Ms. Martinez gebrauchen könnte. Wir könnten auch genug emotionalen Abstand zu Menschen bekommen, die glauben, ein wichtigeres Sandkorn der Sahara zu sein, als es andere sind. Jene Menschen die sich gerne über andere Menschen stellen, weil sie glauben, für die Sahara eine besondere Bedeutung zu haben. Oder noch besser: Diese Art von Menschen verhalten sich wie ein Sandkorn der Sahara, das von sich glaubt, die Wüste selbst zu sein. Wann immer wir uns von jemand herablassend behandelt fühlen, sollten wir uns diese Analogie vor Augen führen. Dann werden wir statt Zorn vielleicht eher Mitleid mit diesem Menschen haben und uns eine Sorgenfalte ersparen. Es mag zwar Einzelne unter uns geben, die zu mehr imstande sind als andere. Aber auch das hebt sie nicht von der Menschheit ab. Die Menschheit als Kollektiv ist unfähig, sich ewig selbst zu erhalten. Sie ist sogar gerade dabei, sich auszulöschen. Das liegt anscheinend in unserer Natur.

Unendliches Wachstum ist ein Wahn. Unaufhaltsames Wachstum kann nur in einem Kollaps enden. Und auf diesen steuert die Menschheit zu. Das Gesetz, dass alles endlich ist, gilt auch innerhalb des Universums. Große Sterne sterben, indem sie in einer Supernova implodieren und zu einem schwarzen Loch heranwachsen. Das schwarze Loch bedeutet wiederum das Ende der Planeten, die diesen Stern umrundet haben. Auch unserer Sonne wird in ca. zehn Milliarden Jahren der Brennstoff ausgehen. Das wird das Ende unseres Sonnensystems sein. Solch ein galaktischer Sterbeprozess geschieht dort draußen im Universum täglich wahrscheinlich tausend- oder millionenfach. So wie täglich Menschen auf unserer Erde sterben. Nur die immer schneller werdende und unermessliche Ausdehnung unseres Universums wird, nach allem worauf die Wissenschaft hindeutet, niemals ein maximales Wachstum erreichen und in sich wieder zusammenfallen. Das hängt mit der dunklen Energie von Vakuumfluktuationen zusammen, die anti-gravitativ auf unseren Raum wirkt. Das Gesetz, dass alles endlich ist, scheint somit für das Universum selbst nicht zu gelten. Dennoch wird alles, was in unserem Universum enthalten ist, durch etwas anderes unwiderruflich vernichtet werden. Schwarze Löcher verschlingen nämlich im Laufe der Zeit alles, selbst Licht. Deshalb sind sie auch schwarz bzw. dunkel. Aus diesem Grund wird unser Universum in unzähligen Jahren fast nur noch aus schwarzen Löchern bestehen. Damit stirbt auch das Universum, zumindest in der Beschaffenheit, wie wir es heute kennen, mit hoher Gewissheit. Alles ist somit als ein Zyklus zu verstehen. Nur in unterschiedlichen Dimensionen.

Langsam nähert sich die Abfahrt des Highways. Der Podcast endet. Die Lichter von Chicago erhellen die Dunkelheit, von der Dr. Daniels soeben noch umgeben war. Er mag Chicago. Er ist hier geboren und aufgewachsen. Auch wenn die hohe Kriminalitätsrate hier ein großes Problem darstellt, fühlt er sich sicher hier. Er kennt so ziemlich alle Ecken dieser Stadt und weiß, wie man sich verhalten sollte, um sich aus Ärger mit Straßengangs fernzuhalten.

Abends im Bett zückt er sein Smartphone. »Wir haben noch etwas zu erledigen.«

»Was denn?«, fragt Mina ihn überrascht.

»Wir haben uns zwar darüber geeinigt, dass wir eine Reise nach Kanada machen. Aber wir haben immer noch nichts gebucht.«

»Stimmt!«, sagt sie nachdenklich. »Warum eigentlich nicht? Ich konnte in der Nacht, als wir uns dafür entschieden haben zu reisen vor Vorfreude kaum schlafen. Und auf einmal ist es einfach weggewesen.«

»Ich glaube, es liegt an unserer Gewohnheit. Wir sollten da rauskommen, damit das Reisen zu unserer neuen Gewohnheit wird. Weißt du, ich habe heute eine Karte von Mr. Sinner bekommen.«

Sie schaut ihn fragend an.

»Der Krebspatient, der jetzt in Europa ist.«

»Ah, ja! Ich erinnere mich. Was schreibt er?«

»Er ist in Deutschland, in einer Stadt namens Heidelberg.«

»Noch nie gehört.«

»Ich auch nicht, aber muss wunderschön dort sein. Jedenfalls schrieb er mir sinngemäß, dass ich nicht den gleichen Fehler begehen sollte wie er.«

»Kann ich die Karte mal sehen?«, fragt neugierig.

Er greift in seine Arbeitstasche neben seinem Nachtschrank und zieht die Karte aus einem Reißverschlussfach. Als Mina sie in der Hand hält, liest sie die Worte,

Ich hoffe, Sie brechen bald zu Ihren Träumen auf und lassen Sie nicht zu lange warten. Für nichts anderes ist mehr Zeit!

Beginnen Sie zu leben!

Sie nickt entschlossen. »Er hat Recht! Das sollten wir tun. Wir sollten jetzt unsere Träume wahrnehmen. Lass uns jetzt buchen, sonst verschieben wir es nur wieder.«

Einige Minuten später haben sie sich auf ein Ziel geeinigt. Eine Wandertour durch die Wildnis in Yukon. In zwei Monaten, wenn es etwas wärmer wird, soll es losgehen. Sofort spüren sie beide wieder die positive Energie. Wie zwei kleine Kinder reden sie stundenlang über ihre Vorstellungen, Hoffnungen und Sehnsüchte, die dieser Urlaub erfüllen soll. Sofort ist wieder Glück, Freude und Heiterkeit im Raum. ›So einfach ist das!‹, denkt er und schaut Mina glücklich an.

Kapitel 9

Dr. Daniels ist mit Elmira auf dem Weg zum Spielplatz am Ende des Parkes, der sich um die Ecke ihres Appartements befindet. Das Wetter ist fast schon frühlingshaft an diesem Tag. Die Sonne scheint und eine lauwarme Brise weht. Ziemlich ungewohnt für diese Jahreszeit. Elmira und er sind bei bester Laune. Mina ist zuhause geblieben, um etwas auszuruhen. Manchmal findet er es schade, dass sie so selten mit ihnen rauskommt. Aber er hat Verständnis dafür, dass sie in dieser Zeit auch etwas für sich machen möchte. Und er sieht es als Chance, mit Elmira allein etwas Zeit verbringen zu können. Außerdem bereitet Mina meist schon das Mittagessen vor, wenn sie vom Spielplatz nach Hause laufen. Dafür benachrichtigt er sie immer extra.

Als er und Elmira am nahegelegenen Skatepark vorbeilaufen, schaut er flüchtig hinüber. Ein sportlich gebauter Typ in seinem Alter schaut ihn lange an. Aber beide können sich auf die Entfernung zunächst nicht genau zuordnen. »Peter!«, ruft der Typ. Dr. Daniels zuckt kurz zusammen. Woher kennt der meinen Namen, denkt er sich. Als er genauer hinschaut, erkennt er Henry. Einen alten Freund aus der Jugendzeit. Er gehörte so wie Dr. Daniels selbst zur Chicagoer Skatebordszene.

»Henry?«, dabei kann er kaum verbergen, dass er gerade seinen Augen nicht traut.

»Komm schon rüber, du alter Sack!«, ruft Henry neckisch.

»Wer ist der Mann?«, fragt Elmira. Dabei scheint sie Henry mit ihren Augen zu fixieren.

»Ein alter Freund von mir, mein Schatz. Lass uns ›Hallo‹ sagen gehen.«

Er nimmt Elmira an die Hand und sie gehen eine leichte Böschung hinab, um den Weg in den Skatepark abzukürzen. Der Skatepark ist von Bäumen und dichten Büschen umzäunt. Und als er auf die Fläche der Skatebordrampen tritt, erkennt er viele andere Jungs von damals am Rand sitzen. Alle haben ein Skateboard vor oder neben sich liegen. Einige sitzen darauf. Manche von ihnen sind durchnässt vom Schweiß. Andere sehen aus, als ob sie bislang nur auf ihren Boards gesessen haben.

»Oh mein Gott, was ist denn hier los?!«, ruft Dr. Daniels verblüfft.

Die Stimmung ist herzlich. Wie bei einem alten Klassentreffen. »Wir haben ein paar Jungs von damals zusammengerufen, um die alten Zeiten aufleben zu lassen. Nichts Wildes. Ein bisschen Skateborden, um sich etwas zu bewegen. So als Sport. Ohne, dass man merkt, Sport zu machen. Verstehst du?« Henry schaut dabei in die Runde. Dann hält er ihm sein Skateboard hin. »Zeig mal, was bei dir noch geht, alter Mann!«, scherzt er.

Dr. Daniels schnappt sich das Skateboard und rollt ein wenig umher. Er ist überrascht, wie gut er noch das Gleichgewicht und die Kontrolle über ein Skateboard behalten kann. Es ist mittlerweile über zwanzig Jahre her, als er das letzte Mal auf einem Skateboard stand.

»Und? Wie fühlt sich das an?«, fragt Steve. Einer aus der Truppe.

»Unglaublich! Es macht immer noch genauso viel Spaß wie damals.«

»Na, dann besorg dir ein Board und komm vorbei. Wir verabreden uns so, wie wir gerade Zeit haben. Mittlerweile hat ja jeder von uns familiäre Verpflichtungen. Aber ein Mal pro Woche dürften wir doch eine kleine gemeinsame Runde hinbekommen.«

Dr. Daniels findet die Vorstellung irgendwie komisch, sich wieder zum Skateboarden zu verabreden. Immerhin ist er fast vierzig und hat Familie. Und er ist ein angesehener Psychotherapeut. Haben die Jungs vielleicht eine Midlife Crisis? Aber er spürt, dass es ihn reizt. Allein die alten Jungs wiederzusehen, verspricht eine Menge Spaß.

»Okay, Jungs. Ich bin dabei! Ich werde heute gleich mal schauen, wo ich online ein passendes Skateboard für mich heranbekomme.«

Die Jungs klatschen sich ab. Elmira quiekt freudig mit ihnen. Obwohl sie gar nicht so ganz verstanden haben dürfte, worüber sich die Männer freuen.

Als er dann zuhause im Internet nach einem Skateboard Ausschau hält, kommen Erinnerungen auf. All die Skateboard-Firmen von damals gab es noch, zumindest die meisten. Und einige neue Firmen sind in den zwanzig Jahren dazugekommen. Und er empfindet es als einen riesigen Luxus, sich nun all die Dinge nach Belieben bestellen zu können, die für ihn damals unbezahlbar waren. Seine Eltern waren nicht arm, aber über 150 Dollar für ein Skateboard waren meist nicht drin. Deshalb fuhr er meistens die ausgedienten Skateboards der Älteren aus der Gruppe, die schon einem Job nachgingen und Geld verdienten.

Bis vor ein paar Stunden fand er die Idee, Skateboard zu fahren, irgendwie unpassend, für einen Mann in seinem Alter. Doch dann fielen ihm Mr. Sinners Worte ein. Er wünschte sich, weniger Wert darauf gelegt zu haben, was andere Menschen von ihm erwarten oder denken könnten. Er wünschte sich, mehr Zeit damit verbracht zu haben, was ihn glücklich machte. Dr. Daniels ist fest entschlossen, aus Mr. Sinners Schicksal zu lernen, weshalb er sich entscheidet, diesen selbst auferlegten Zwang abzulegen.

◆ ◆ ◆

Eine Woche später steht die erste Verabredung zum Skateboarden an. Mina hat ihn, wie immer, in seinem Vorhaben bestärkt. »Das könnte dir guttun. Du kannst mal etwas rauskommen und etwas Zeit für dich haben.« Er liebt ihre unkomplizierte und verständnisvolle Art.

Als er mit seinem Skateboard das Appartement verlässt und in Richtung des Skateparks aufbricht, versteht er in etwa, wie sich seine sozialphobischen Patienten fühlen müssen. Er hat das Gefühl, dass alle Leute ihn anstarren und sich fragen, wohin dieser alte Typ mit einem Skateboard hinmöchte. Was wäre, wenn er einen Patienten treffen würde? Oder gar einen Kollegen? Die Angst vor kritischer Beurteilung durch andere Menschen scheint auf einmal allgegenwärtig.

Mr. Sinner würde darauf pfeifen, da es etwas wäre, was er für sich tun möchte. Es wäre unwichtig, was andere über ihn denken könnten, denn es ist einer seiner letzten Lebenstage. Und genau so möchte Dr. Daniels auch künftig sein Leben gestalten. So zu leben, als ob es sein letzter Tag wäre. Also steigt er auf das Skateboard und rollt die Straße in Richtung des Skateparks. Nach der ersten kurzen Sorge, dass jetzt erst recht alle Blicke auf ihn gerichtet sein könnten, spürt er eine unbeschreibliche Freiheit und Lebendigkeit in sich aufkommen. Etwa so, als er vor einigen Tagen mit dem City Roller durch die Stadt gefahren war. Er erinnert sich, wie er seine Meinung über diese Dinger geändert hat, indem er sich darauf eingelassen hatte. So ähnlich verhält es sich gerade mit dem Skateboarden. Seine anfängliche Skepsis verfliegt und urplötzlich kann er ein neues Stück Lebensfreude genießen. Ihm kommt der Gedanke, wie er vielleicht irgendwann mit Elmira zusammen zum Skateboarden aufbrechen könnte. Eine Leidenschaft, die sie vielleicht beide teilen könnten.

Im Skatepark angekommen bemerkt er, dass noch keiner seiner Jungs da ist. Unter den vielen Jugendlichen und Kindern mit ihren Inlineskates und Rollern kommt er sich nun wieder sehr alt vor. Aber er denkt an seine neue Devise. Er rollt los und probiert sich in einigen alten Tricks. Er ist überrascht, wie gut sein prozedurales Gedächtnis sich die Abläufe der Bewegungen über die Jahre behalten hat. In seinem Kopf weiß er exakt, wie jeder Trick von damals ausgeführt wird. Er kann förmlich spüren, wie er sie macht. Wenn er versucht, es umzusetzen, merkt er aber schnell, wie die gespeicherten Bewegungsabläufe schlecht mit den müden Muskeln und steifen Gelenken harmonisieren. Er wird immer ehrgeiziger, die Tricks zu landen und vergisst dabei mehr und mehr sein Unbehagen vor den Kindern und Jugendlichen.

Mit der Zeit treffen die Jungs ein. Es entsteht eine heitere und von freundschaftlichem Ehrgeiz dominierte Atmosphäre unter den Männern mit ihren Skateboards. Sie wirken fast wie eine Gruppe aus dem Film *Zurück in die Zukunft*, die sich plötzlich wieder in ihrer Jugend wiederfindet. Nur in den Körpern alternder Typen. Aber sie ziehen die Aufmerksamkeit auf sich. Vor allem, weil sie den jugendlichen Skateboardern im Park immer noch einiges vormachen können. Sie waren damals alle sehr talentiert und leidenschaftlich beim Skateboarden.

Dr. Daniels merkt, wie er etwas kindliche Gelassenheit zurückerlangt. Dabei gelingt ihm ein Trick nach dem anderen wieder besser. Er wächst förmlich über sich hinaus und hat Freude dabei. Genau darum sollte es gehen. Er hat eine neue und zugleich alte Facette an sich wiederentdeckt. Er spürt jede Muskelfaser seines Körpers und bringt sich physisch an seine Grenzen. Und darüber hinaus. Er weiß, dass er morgen unter höllischem Muskelkater leiden wird. Aber das spielt keine Rolle. Denn er lebt die Gegenwart.

◆◆◆

Zwei Wochen später in der Praxis. Es ist morgens. Keine Nachrichten auf dem Anrufbeantworter. Er geht in die Küche, um die übliche Routine zu vollziehen. Als er die Kaffeemaschine einschaltet, klingelt drüben im Behandlungszimmer das Telefon. Er geht kurz hinüber, um nachzusehen, ob es jemand Bekanntes sein könnte. Doch auf dem Display steht in großen Buchstaben das Wort ›ANONYM‹. Offensichtlich hat der Anrufer seine Nummer unterdrückt. Er lässt es klingeln, um erst einmal in Ruhe zu frühstücken. Für solche Fälle ist der Anrufbeantworter zuständig. Als er dabei ist, den Raum zu verlassen, springt das Band an. Eine Frau stellt sich vor.

»Guten Morgen, Dr. Daniels. Mein Name ist Ms. Sinner. Ich bin die Mutter von Jeffrey Sinner. Vielleicht erinnern Sie sich? Er war bei Ihnen für kurze Zeit Patient.« Die Stimme wirkt gefasst. »Ich wollte Ihnen mitteilen, dass Jeffrey seine Reise in Europa vor elf Tagen abbrechen musste, da es ihm gesundheitlich zunehmend schlechter ging.« Ganz offensichtlich versucht sie nun, Tränen zurückzuhalten. »Jeffrey ist gestern Morgen friedlich eingeschlafen.« Er denkt kurz darüber nach, den Hörer abzunehmen, aber überlegt es sich anders. Er könnte sie damit aus ihrem Trauermoment reißen, was unangenehm für sie sein kann. »Es tut mir leid, dass ich weine, Dr. Daniels.«

Diesen Satz hört er mehrmals wöchentlich von Patienten. Menschen haben stets das Gefühl, sich für Emotionalität entschuldigen zu müssen. »Aber es war Jeffreys Wunsch, dass Sie auch informiert werden. Wir danken Ihnen für die Zeit, die Sie sich damals für unseren Sohn genommen haben. Bleiben Sie gesund,

Doktor!« Ms. Sinner legt auf. Es war unüberhörbar, wie sehr sie unter dem Verlust ihres Sohnes leidet. Wie soll es auch anders sein?

Vermutlich gibt es für Eltern nichts Schlimmeres, als ihre Kinder zu überleben. Aber auch für die Sterbenden, ist der Sterbeprozess oft mit Schuld beladen. Sie fühlen sich als Belastung, da sie Angehörige mit ihrer Trauer zurücklassen müssen. Die meisten todkranken Menschen, sehnen sich in einem bestimmten Stadium ihrer Krankheit meist nach der Erlösung. Mit ihrem Tod hätten sie selbst keine Last mehr zu tragen. Ihre Angehörigen schon. Niemand möchte eine Last sein. Vor allem nicht auf Lebenszeit der anderen. Genau das versucht er auch, Patienten nahezubringen, die von Suizidgedanken geplagt werden. Sie möchten keine Belastung mehr für ihre Familie sein, führen sie oft als Motiv ihrer Lebensmüdigkeit an. Dr. Daniels hat allerdings noch nie Angehörige kennengelernt, die durch einen Suizid eines Freundes oder Angehörigen Entlastung empfunden haben. Das Gegenteil ist der Fall. Gerade durch den Suizid, werden Selbstmörder zur Belastung für andere.

Dr. Daniels spürt kurz in sich hinein. Es macht oft Sinn, sich einen Moment Zeit für sich zu nehmen, um zu begreifen, wie man aktuell fühlt. Er merkt, dass er bestürzt über die Nachricht ist. Obwohl Mr. Sinners Tod nicht überraschend kommt. Er war sich nur nie sicher, ob und wie er die Nachricht über seinen Tod bekommen würde. Schließlich hatten sie lediglich zwei persönliche Kontakte. Es ist nicht das erste Mal, dass ein Patient verstirbt. Noch nie hat es sich aber so bestürzend für ihn angefühlt, wie gerade eben. Als Psychotherapeut ist er gewohnt, Antworten für solche Fragen zu finden. Aber wenn es den eigenen Zustand betrifft, ist es schwer. Das liegt an der emotionalen Befangenheit. Es ist schwer, von Emotionen betroffen zu sein und sie zugleich objektiv zu analysieren.

Doch er hat durchaus Ideen, warum Mr. Sinners Fall ihn persönlich berührt. Die Nachricht von seiner Mutter zu bekommen, brachte ihn unwillkürlich sehr nah an die Familie des Verstorbenen heran. Es macht einen Unterschied, sich eine trauernde Mutter vorzustellen oder die Stimme einer trauernden Mutter anzuhören. Aber da ist noch mehr.

Mr. Sinner hat seine Sicht auf das Leben revidiert. Dr. Daniels begann durch ihn selbstkritischer mit seiner Lebensführung umzugehen. Er konnte sich mit Mr. Sinners kritischer Haltung über sein eigenes Leben identifizieren. Dr. Daniels begann auch durch ihn seine eigenen Werte zu hinterfragen und Selbstbegrenzungen aufzulösen. Durch ihn hat er sich auf einem City Roller und auf einem Skateboard wiedergefunden. Durch ihn stand die erste große Reise nach Kanada an. Durch ihn war die kaputte Sitzheizung unwichtig geworden. Durch ihn gestand er sich ein, Zeit für sich haben zu dürfen und trotzdem ein guter Vater sein zu können. Nun ist er sich sicher, dass er künftig noch stärker darauf achten wolle, was ihm guttut. Und was noch wichtiger ist, es nicht aufzuschieben. Ganz gleich was andere darüber denken könnten.

In diesem Moment kommt ihm eine Idee. Wie eine spontane Eingebung. Er weiß, dass er mehr arbeitet als die meisten seiner Kollegen. Aber warum eigentlich? Viele seiner Kollegen nehmen sich gelegentlich mal einen Tag im Monat frei, um sich um den lästigen Papierkram der Praxis zu kümmern. Einen Tag im Monat Auszeit nehmen, klingt eigentlich gut. Aber er würde so einen Tag nicht mit Papierkram füllen. Was würde er mit einem Tag Freizeit anfangen. Er könnte sich mal mit seinem neuen Teleskop beschäftigen. Er könnte auch wieder etwas Sport treiben. Er könnte mal tagsüber in einem Café lesen und gutes Essen genießen. Er könnte malen oder schreiben. Er weiß so vieles noch gar nicht von sich, da sein Selbst vom Alltag limitiert wird.

Sofort blättert er in seinem Terminkalender herum, um einen Freitag ausfindig zu machen, an dem ohnehin noch nicht so viele Termine stehen. Und sofort fallen ihm Gründe ein, warum dieser oder jener Freitag nicht geht. Dieser Patient ist zu wichtig, um den Termin abzusagen. An einem anderen Freitag hat er einen Telefontermin mit einem Kollegen. Überhaupt ist der Monat so gut gelaufen. Wenn er nun einen Tag frei machen würde, könne er seine persönliche Bestleistung an Einnahmen nicht mehr übertreffen. Aber genau so läuft es immer. Wir finden immer Gründe, warum etwas nicht geht, anstatt uns einfach dafür zu entscheiden. Es ist wie mit dem Reisen mit Elmira. Den perfekten Zeitpunkt gibt es dafür nicht. Da wir uns so etwas aber stets suggerieren, glauben wir nur, warten zu müssen, bis dieser Zeitpunkt kommt. Dabei ist das Warten die Vermeidung der Veränderung. Ein Vorwand, um unsere gewohnten Muster fortführen zu können. Dann erinnert er sich an die Worte seines früheren Professors Jonathan Greenbaum, an dessen Institut er die Psychoanalyse lernte. ›Wenn wir unsere gewohnten Schemata durchbrechen, muss es sich falsch anfühlen.‹ Dieser Satz wirkt deshalb so beruhigend, weil er uns daran erinnern kann, dass wir Angst vor Veränderungen haben dürfen. Veränderungen nehmen uns die Routine. Sie rauben uns die Orientierung und Sicherheit. Sie enterben uns von der Gewissheit. Aber sie bieten uns auch Möglichkeiten, die uns im Gewohnten verwehrt bleiben. Dabei beginnen Veränderungen mit Veränderungen. Wenn unser großes Ziel darin liegt die Möbel in unserem Zimmer zu verrücken, dann beginnt diese Veränderung mit der Veränderung unserer Sitzposition. Wir müssen dazu aufstehen. Erst wenn wir aufgestanden sind, kann mit dieser kleinen Veränderung, die eigentliche Zielveränderung geschehen.

Was ist seine Zielveränderung? Dr. Daniels hat darüber kaum nachgedacht. Wahrscheinlich geht es ihm um eine höhere Zufriedenheit. Aber nein! Zufrieden ist er mit seinem Leben auch vorher gewesen. Er hat in Mina die Liebe seines Lebens gefunden, hat die Tochter, die er sich schon immer gewünscht hat und macht seinen Beruf aus Leidenschaft. Wahrscheinlich geht es ihm darum, sein Leben zu erLEBEN. Er möchte Eindrücke sammeln, Erfahrungen machen, seine Grenzen erweitern, Erlebnisse durchwandern … Dazu sollte er sein Leben von selbst auferlegten Zwängen befreien. Und das beginnt im Hier und Jetzt. Denn in diesem Moment entscheidet er, dass der nächste Freitag sein freier Tag werden würde. Auch ein wichtiger Patient kann ihn davon nicht mehr abhalten.

◆◆◆

Am kommenden Freitag klingelt der Wecker nicht. Er hat alle Termine für diesen Tag abgesagt und um eine Woche verschoben. Aber Elmira übernimmt das Wecken, exakt um 6.30 Uhr. Immerhin eine halbe Stunde länger geschlafen, als an einem Arbeitstag. Nachdem er sie angezogen und mit ihr das Frühstück vorbereitet hat, ergibt sich für ihn eine Möglichkeit, die sich ihm bisher nur selten ergab. Er kann Elmira in den Kindergarten bringen. Er hat sich noch nie darüber Gedanken gemacht, wie viel es einem Kind bedeuten kann, dass ihr Vater sie in den Kindergarten bringt. Elmira scheint so stolz über die neue Begleitung zu sein, dass sie allen anderen Kindern vor der Eingangstür und in der Umkleide strahlend davon berichtet, dass sie von ihrem Vater gebracht wird. Und er spürt, wie es sein Selbstbild als Vater aufwertet. Er ist stolz, dass seine Tochter stolz auf ihn ist. Solche Dinge hat er in seinem freien Tag gar nicht einkalkuliert. Aber allein dieser Umstand hat den freien Tag für ihn schon lohnenswert gemacht.

Anschließend geht er mit Mina in ein naheliegendes Café, um zu frühstücken. Das wirkt banal. Vielleicht ist es das sogar. Aber beiden wird bewusst, wie selten sie die Gelegenheit haben, sich ohne Zeitdruck einem gemeinsamen Frühstück zu widmen. Das gibt ihnen die Möglichkeit, sich einmal wieder auf der Paarebene zu begegnen, anstatt sich nur als Eltern zu verstehen.

Nachdem sich Mina später daheim an ihre Dissertation setzt, kann er sich kaum entscheiden, was er als Erstes tun möchte. Sport, Kunst, Piano spielen, Freunde treffen oder sich mit seinem Teleskop befassen. Er weiß, dass er nicht alles auf einmal schaffen kann. Also macht er sich klar, dass es nicht ums Schaffen geht. Der Tag soll nicht dazu dienen, eine Liste von unerledigten Dingen abzuarbeiten, sondern sich dem zu widmen, wonach ihm ist. Er findet zufällig eine Plastiktüte mit verschiedenen Medikamenten in der Hausapotheke. Fast alle darin sind abgelaufen.

Dann kommt ihm eine spontane Idee. Wie wäre es, aus den vielen unbrauchbaren Tabletten und Kapseln ein Kunstwerk zu schaffen. Sofort hat er eine Vision davon. Eine Silhouette eines Kopfes im Querschnitt mit den Konturen eines Gehirns. Alles aus Pillen. Er empfindet den Gebrauch von Medikamenten in der Gesellschaft schon lange als übertrieben. Kopfschmerz wird mit Schmerzmitteln bekämpft. Erhöhte Temperatur wird mit einem Fiebersaft bekämpft. Husten wird mit Hustensaft bekämpft. Schnupfen wird mit Nasenspray bekämpft. Die Message hinter seinem Kunstwerk sollte sein, dass jeder kritisch mit seinem Medikamentenkonsum sein sollte. In den Vereinigten Staaten liegt die jährliche Pro-Kopf-Ausgabe für Arzneimittel bei über 1.000 Dollar. Der Konsum von opioidhaltigen Schmerzmitteln ist enorm. Die USA ist dabei der wichtigste Pharmamarkt weltweit. Medikamentencocktails gehören in der westlichen Gesellschaft zum Altern, so wie die Falten auf der Stirn.

Dagegen könnte er mit einem Kunstwerk ein Zeichen setzen.

Nach kurzer Zeit hat er eine erste Skizze auf ein großes Stück Presspappe gezeichnet, die eigentlich mal als Rückwand eines Bilderrahmens diente. Und sofort macht er sich ans Werk. Ohne viel nachzudenken, legt er zwei große Packungen abgelaufener Vitaminpillen zu einem Gehirn. Bei dieser Arbeit fühlt er sich völlig unbefangen. Er merkt, wie die Ideen für dieses spontane Kunstprojekt aus ihm sprühen. Um die Medikamente auf dem Kunstwerk für ewig haltbar zu machen, wird er sie mit Epoxidharz übergießen. So werden sie konserviert sein. Dazu lauscht er den Klängen von Brahms Walzer in A-Dur, der im Klassiksender läuft. Nun ist er ganz bei sich. Diese Zeit dient der Auseinandersetzung mit seiner Kreativität. Und er wird noch überrascht sein, was das Werk einige Monate später in der lokalen Kunstszene für Aufsehen erregt.

Als er mit Mina zusammen zum Mittagessen ausgeht, finden sie viele gemeinsame Themen. Sie sprechen über Kunst, Wissenschaft, Musik, Erziehung und vieles mehr. Dabei fassen sie den Entschluss, Pianounterricht zu nehmen. Mina versteht die neue Lebensphilosophie von ihm, sodass sie beide nicht länger warten wollen, bis sich ein vermeintlich besserer Zeitpunkt dafür ergibt.

Am frühen Abend widmet er sich das erste Mal seinem Teleskop. In den kalten Wintermonaten dämmert es in Chicago früh und der Halbmond steht hell erleuchtet direkt vor dem großen Balkon ihres Appartements. Ein Halbmond eignet sich zum Beobachten am besten, da am Übergang zwischen Schatten und Licht die tiefen Krater auf der Mondoberfläche am besten zur Geltung kommen. Er bringt das Teleskop in Position. Nach einigen gescheiterten Versuchen, den Mond in das Okular zu bekommen, macht sich am Rande seines Blickfeldes ein grelles Licht bemerkbar. Er weiß, dass er mit der Blickrichtung nun in der Nähe des Mondes ist. Als er ihn dann das erste Mal zu Gesicht bekommt, kommt er aus dem Staunen nicht mehr heraus. Es scheint so, als wäre er dem Mond so nahe, als ob er kurz vor der Landung auf seiner Oberfläche stehen würde. Er kann förmlich die Stille auf der Mondoberfläche spüren. Große und kleine Krater, tiefe und flache Täler, helle und dunkle Schattierungen werden so gut sichtbar, dass es ihm den Atem verschlägt. Minutenlang beobachtet er diese unerreichbar entfernte Welt, auf dessen Schatten- und Lichtseite Temperaturunterschiede von knapp 300 Grad Celsius herrschen. Als er Mina zu sich ruft, um auch sie an diesem Wunder teilhaben zu lassen, spüren sie eine tiefe Verbundenheit durch ihr gemeinsames Erlebnis. Genau so etwas erhoffen sie sich aus ihrer anstehenden Reise nach Kanada. Für Dr. Daniels steht nun fest, er würde bald den Saturn mit seinen Ringen das erste Mal sehen wollen.

Kapitel 10

Nach dem Wochenende fühlt er sich bereichert. Auch wenn er seine Arbeit nach wie vor leidenschaftlich ausübt, konnte er sich nun auch als Künstler und Hobbyastronom kennenlernen. Zudem war er auch Skateboarder, Ehemann und Vater. Sehr bald sollte er auch ein Pianoschüler und Weltreisender werden. Na ja, zumindest wollte er sein Nachbarland besuchen. Aber das konnte er als einen Anfang betrachten.

In der Praxis erwartet ihn als erster Patient Mr. McKinsey. Ein kleiner, rundlicher Herr mit einer dicken Nase und einer sympathischen Halbglatze, in der sich die Deckenbeleuchtung seines Behandlungszimmers spiegelt. Mr. McKinsey war einer von jenen Patienten, der es bevorzugte die Sitzungen in der klassisch psychoanalytischen Anordnung durchzuführen. Er liegt auf der Couch, Dr. Daniels sitzt hinter dem Kopfende.

Mr. McKinsey litt unter unkontrollierbaren Wutanfällen, die sich in der Regel bei seinem siebzehnjährigen Sohn entluden. Die resultierenden Konflikte zwischen ihm und seinem heranwachsenden Sohn führten auch zu Spannungen in seiner Ehe. Seine Frau warf ihm oft vor, ihren gemeinsamen Sohn ungerechterweise zu terrorisieren.

»Seit wann eskalieren die Konflikte mit ihrem Sohn zunehmend, Mr. McKinsey?«

»Ich würde sagen, seitdem er sich in den Kopf

gesetzt hat, dass er nach der High School unbedingt nach Utah aufs College gehen will.«

»Wie denken Sie über diesen Plan?«

»Ich finde es idiotisch. Er geht dort nur hin, weil ihm dieses Mädchen den Kopf verdreht hat.«

»Sind Sie wütend auf Ihren Sohn?«

»Er soll machen, was er will!«, dabei klingt er jähzornig.

»Ich bin verwirrt, Mr. McKinsey!«

Die sympathische Halbglatze macht fast eine Einhundertundachtziggraddrehung, sodass ihn Mr. McKinseys viel zu klein wirkende Augen, zwischen denen die große Kartoffelnase herausragt, fragend anschauen.

»Was verwirrt Sie denn, Doktor?«

»Zuerst hatte ich den festen Eindruck, dass Sie total dagegen sind, dass Ihr Sohn nach Utah geht. Sie klangen sogar schon leicht aggressiv, als Sie darüber sprachen. Und danach sagten sie, dass er tun solle, was er will. Was ist denn nun Ihre Haltung dazu?«

»Aggressiv?«, fragt er ungläubig.

»Ja! Sie nannten sein Vorhaben idiotisch.«

»Das ist doch nicht aggressiv.«, versucht er zu beschwichtigen.

»Wie Sie meinen. Ich könnte mir nur vorstellen, dass es auf manche Menschen aggressiv wirken könnte, wenn das Wort ›idiotisch‹ im Zusammenhang mit ihren Wünschen fällt. Jedenfalls wurde für mich deutlich, dass Sie es nicht gut finden. Und mich würde interessieren, warum nicht?«

Mr. McKinsey denkt einen Moment nach. »Es gibt

so viele gute Colleges in der Nähe. Warum ausgerechnet Utah? Es ist noch nicht einmal ein besonders gutes College.«

»Was genau wünschen Sie sich für Ihren Sohn?«

Seine Stimme wirkt jetzt sanfter. »Ich möchte natürlich, dass er eine sichere Zukunft hat. Dass er ein gutes College besucht und viele Perspektiven haben wird.«

»Was genau wünschen Sie sich von Ihrem Sohn?«

Wieder dreht sich die Halbglatze um, um Dr. Daniels irritiert anzusehen. »Das haben Sie mich doch gerade gefragt.«

»Nein! Ich wollte zuerst wissen, was Sie sich *für* Ihren Sohn wünschen. Und jetzt wollte ich von Ihnen erfahren, was Sie sich *von* Ihrem Sohn wünschen.«

»Ah ja! Verstehe!« Er denkt nach. »Ich fände es toll, wenn wir zukünftig weiterhin Zeit füreinander hätten.«

»Um was zu tun? Um zu streiten?« Dr. Daniels Stimme klingt dabei etwas zynisch.

»Nein, ganz bestimmt nicht das. Wissen Sie, als er kleiner war, gingen wir oft campen, angeln oder ein Basketballspiel anschauen. Er hat jedes Mal das gleiche Eis gewollt, sodass ich schon immer wusste, was er antwortet, wenn ich ihn fragte, was ich ihn von der Snackbar mitbringen soll.« Mrs. McKinseys ganzer Körper kommt durch sein Kichern ins Beben. Dabei klingt sein Kichern herzhaft und wird durch einen leichten Pfeifton aus der Lunge begleitet. Danach wird er ganz ruhig und wirkt nachdenklich.

An dieser Stelle war es wichtig, seine Aufmerksamkeit auf seinen inneren Prozess zu lenken, um ihn in seinen Emotionen abzuholen.

»Was geht in Ihnen vor, wenn Sie an Ihre gemeinsame Zeit mit Ihrem Sohn denken.«

Mr. McKinseys rundlicher Körper beginnt wieder zu beben, jedoch rollen ihm diesmal dicke Tränen die Wangen hinunter.

»Um ganz ehrlich zu sein, Doktor, vermisse ich die Zeit, als mein Junge kleiner war. Er ist mein einziges Kind, müssen Sie wissen. Ich hätte ihn gerne weiterhin bei mir. Die Vorstellung, dass er 1.500 Meilen von mir entfernt lebt, macht mich schwermütig.«

Dr. Daniels spürt in diesem Moment eine starke Verbundenheit mit seinem trauernden Patienten. Ihn durchzieht eine Traurigkeit, die daher rührt, dass er sich in diesem Moment als Vater mit dem Problem seines Patienten identifiziert. Das erkennt er sofort, weshalb er sich schnell wieder auf seine Rolle als Therapeut zurückbesinnt. Das bewahrt ihn stets vor eigenen emotionalen Reaktionen, die sich mit seiner therapeutischen Objektivität nicht vereinbaren ließen.

»Mr. McKinsey, können Sie mir sagen, was es mit Ihren Tränen auf sich hat? Was empfinden Sie soeben, während Sie weinen?«

»Ich bin traurig, dass mich mein Sohn verlässt und ich habe irgendwie auch Angst bei der Vorstellung, dass er nicht mehr bei mir sein wird.« Er schluchzt und kämpft um Fassung.

»Halten Sie Ihre Tränen nicht zurück, Mr. McKinsey! Wenn nicht hier, wo sollten Sie sonst ungehemmt weinen dürfen?«

In dem Moment bricht ein Damm und der kleine, dicke Mann auf der Couch bricht in ein heftiges Weinen aus. Er reicht ihm die Taschentücherbox vom Beistelltisch. Nachdem Mr. McKinsey sich beruhigt hat, lenkt Dr. Daniels die Aufmerksamkeit wieder auf den Gesprächsinhalt.

»Sie sagten soeben, dass sie traurig darüber sind von Ihrem Sohn verlassen zu werden. Sie sagten auch, dass Ihnen die Distanz zu ihm Angst macht. Haben Sie eine Idee, warum gerade diese Gefühle bei Ihnen so dominierend sind?«

Er nickt still vor sich hin. »Ich glaube, es hat mit meinem Vater zu tun. Ich war gerade erst acht Jahre alt, als er mich und meine Mutter verließ. Ich konnte das überhaupt nicht verstehen und kann es bis heute nicht.«

»Genauso wie Sie nicht verstehen können, dass Ihr Sohn fortgeht.«

»Ja, Sie sagen es, Doktor. Es ist irgendwie das Gleiche wie damals für mich. Wie kann das sein? Mein Sohn ist doch nicht mein Vater.«

»Das hoffe ich doch sehr, Mr. McKinsey.« Dr. Daniels neigt manchmal dazu, selbst Scherze in die Therapie einzubauen. Er hat sich oft gefragt, ob er das macht, um die emotionale Spannung im Raum etwas abzubauen oder einfach, weil es seinem humorvollen Naturell entspricht. Entscheidend ist aber, die emotionale Ebene mit dem Patienten nicht zu verlassen. »Aber sehen Sie, die Trennung von Ihrem Vater war ganz offenbar ein prägendes Ereignis. Prägend meint damit, dass es Sie bis heute in Ihrem Fühlen, Denken und Verhalten beeinflusst. In dem Moment, in dem Sie sich einer vergleichbaren Situation wie damals konfrontiert sehen, werden in Ihrem Gehirn die gleichen neuronalen Bahnen angesprochen, die sich während dieser schmerzhaften Erfahrungen festverankert haben. Solche bedrohlichen Umstände prägen sich besonders intensiv in die Strukturen unseres Gehirns ein. Und somit werden die gleichen Empfindungen, so wie sie passend zur originalen Situation abgespeichert wurden, reaktiviert.«

»Das ist schon faszinierend, wie unsere Psyche funktioniert.«

»Absolut! Und wie all das mit dem Gehirn fest verknüpft ist. Aber zurück zu Ihrem Sohn. Glauben Sie, dass Ihr Sohn versteht, wie Sie wirklich empfinden? Glauben Sie, Sie vermitteln ihm durch Ihr streitsüchtiges Verhalten daheim Ihre Traurigkeit und Angst?«

»Bis vor gerade eben wusste ich ja nicht mal selbst, dass ich so empfinde. Wenn ich es bisher nicht einmal verstanden habe, hat er es sicher erst recht nicht verstehen können.«

»Was glauben Sie, kam denn bisher stattdessen bei ihm an, durch Ihre beinahe täglichen Streits?«

Mr. McKinsey sieht nachdenklich aus. »Ich befürchte fast, er muss denken, dass ich ihn hasse.«

»Das tun Sie aber nicht. Sie lieben Ihren Sohn so sehr, dass Sie ihn nicht gehen lassen wollen.«

»Ja, das ist weiß Gott das Gegenteil von Hass. Das muss ich ihn wissen lassen.« Die Halbglatze ist patschnass geschwitzt. »Am besten, ich lass es ihn gleich heute wissen. Aber wie beginne ich das Gespräch nur?«

»Das kann ich Ihnen nicht sagen. Aber anstatt ihn anzubrüllen, weil er gehen will, könnten Sie es mit einem emotionalen Appell versuchen.«

»Wie das?«

»So wie Sie es mir erklärt haben. Sie haben erklärt, dass Sie sich mehr Zeit mit Ihrem Sohn wünschen; dass Sie ihn gerne in Ihrer Nähe haben; dass er Ihnen am Herzen liegt; dass Sie sich gerne an die Zeit zurückerinnern, als er noch kleiner war usw. Ich glaube fast, das klingt in den Ohren Ihres Sohnes ganz anders, als das was er in der vergangenen Zeit sonst von Ihnen zu hören bekam.«

»Das glaube ich auch, Doktor!« Sich über sein Verhalten ärgernd schlägt er seine Hände auf seine ausgestreckten Beine. »Was zur Hölle ist nur in mich gefahren, dass ich mich in letzter Zeit so aufgeführt habe?«

»Machen Sie sich eines klar, Mr. McKinsey. Wenn es um die Frage der Grenze des Selbst geht, kann man darüber reden, wo man selbst als Person endet und wo jemand anderes beginnt. Sie leiden unter einer Separationsangst. Sie haben Angst verlassen zu werden, weshalb Sie die Tendenz entwickelt haben, sich in einer übermäßigen Weise an Ihren Sohn zu klammern. Er wiederum verhält sich nicht entsprechend Ihres Bindungswunsches, weshalb Sie traurig und verängstigt sind. Und aus diesen Gefühlen heraus reagieren sie aggressiv, quasi frustriert auf ihn. So wie ein verlassenes Kind auf seinen Vater reagieren würde. Dabei ist Ihr Frust gegenüber Ihrem Sohn aber vermutlich nur eine Projektion dessen, was Sie Ihrem Vater gegenüber verspüren. Es fällt Ihnen schwer, Ihrem Sohn eine losgelöste Autonomie einzuräumen. Ihr Unterbewusstsein hat nicht verstanden, dass Ihr Sohn nicht Ihr Vater ist. Sie möchten Ihren Sohn klein halten und ihn nicht erwachsen werden lassen. In der Konsequenz versuchen Sie, seine Autonomiebestrebungen zu unterbinden, indem Sie ihm mit Vorwürfen wie Undankbarkeit, Egoismus oder etwa Idiotie Schuld induzieren. Er setzt sich dagegen aber zur Wehr und reagiert ebenso frustriert auf Ihren Frust. Und so knallt es jeden lieben Tag bei Ihnen zuhause. Jetzt, wo Ihnen diese Dynamik ins Bewusstsein gerückt ist, haben Sie die Chance, etwas daran zu ändern. Anstatt zu erwarten, dass sich Ihr Sohn so verhält, wie Sie es brauchen, um selbst nicht mehr verängstigt und traurig sein zu müssen, könnten Sie sich auch wieder stärker auf sich selbst und Ihre Ehe konzentrieren. Sie haben offenbar Ihren Job als Vater gut gemacht, Mr. McKinsey. Ihr Sohn ist selbstbewusst genug, ein College fernab von zuhause zu besuchen. Und beziehungsfähig ist er vielleicht sogar auch noch, wenn er wegen eines Mädchens diesen Weg auf sich nimmt. Nun ist es Zeit für Sie, sich wieder anderen Dingen stärker zu widmen. Das könnten Sie als Chance sehen. Vielleicht haben Sie jetzt die Zeit für Dinge, die damals, als Ihr Junge noch klein war, viel zu kurz kamen. Verstehen Sie?«

Mr. McKinsey setzt sich auf und dreht sich zu ihm um. Er schaut ihn einen Moment musternd an, bis er anfängt, seinen Kopf zu nicken und zu schmunzeln. »Sie sind gut, Dr. Daniels. Das muss man Ihnen lassen. Und jetzt entschuldigen Sie mich. Ich habe mit meinem Sohn etwas geradezubiegen.«

Kapitel 11

Als der Frühling vor der Tür steht, ist es endlich so weit. Der erste große Urlaub steht an. Drei Wochen Kanada. Nur Mina, Elmira und er. Das Auto ist beladen mit Koffern, Spielsachen für Elmira und Campingausrüstung. Die Aufregung ist groß. Und auch Elmira ist in Aufbruchstimmung. Sie wollte sämtliche Puppen und Stofftiere mit auf Reisen nehmen. Niemand sollte den Urlaub verpassen. Zum Glück konnte er und Mina sie überreden, nur zwei Puppen und ihr Lieblingsstofftier Marie mitzunehmen. Marie ist ein weißer Teddy mit gelber Schnauze und gelben Tatzen. Ihre Arme und Beine hängen nur noch an dünnem Stoff am Oberkörper fest. Ihr Fell ist abgenutzt und an der einen und anderen Stelle bis auf den darunterliegenden Stoff abgerieben. Aber alles ihrem Alter entsprechend. Schließlich ist sie ein Erbstück von ihrem Vater. Dr. Daniels bekam Marie drei Tage nach seiner Geburt in sein Babybett gelegt. Seither war sie bis vor knapp drei Jahren in seinem Besitz. Jetzt soll sie Elmiras ewige Begleiterin sein.

Bis zum Flughafen haben Sie eine Stunde Fahrt vor sich. Von dort werden sie ihren ersten gemeinsamen Flug als kleine Familie starten. Mina und er sind etwas nervös, wie Elmira ihren ersten Flug verkraften wird. Zuhause zu bleiben, wäre bestimmt die sicherere Variante. Aber genau darum geht es bei diesem Urlaub, sich nicht aus Gründen der potenziellen Risiken selbst im Leben zu begrenzen. Viele Kinder reisen täglich mit Flugzeugen, sogar viele jüngere. Und Elmira ist wirklich ein unkompliziertes Kind.

In Kanada angekommen beziehen sie zunächst ihre Unterkunft. Eine nette Holzhütte in einem kleinen Tal, die an nötigem Komfort nichts offenlässt. Ein Bad, Heizungen, fließendes Wasser und ein Ausblick, der für die Strapazen der langen Reise mehr als entschädigt. Die Kanadier sind freundlich. Sie leben hier vom Tourismus. Besonders vom Tourismus der U.S.-Amerikaner. Aber sie legen Wert auf Respekt vor ihrem Naturschutzgebiet. Ihr Reiseberater gab ihnen Flyer mit Benimmregeln im Naturschutzgebiet mit.

Als sie das erste Mal ihren Weg in die Berge antreten, spürt Dr. Daniels eine unbeschreibliche Verbundenheit mit den Bergen. Aber auch etwas Ehrfurcht. Hier oben in den Bergen wird man am besten daran erinnert, wie unbedeutend man als Mensch für diese Welt ist. Alle zwanzig Meter ergibt sich eine neue Perspektive auf die Berglandschaft. Er erwischt sich dabei, wie er ein Foto nach dem anderen macht, aber sich vor lauter Aufregung kaum Zeit nimmt, die Natur auf sich wirken zu lassen. Das scheint ein Phänomen des Technikzeitalters zu sein. Touristen um den ganzen Globus sind täglich damit beschäftigt, ihre Reiseziele vielfach zu fotografieren und ihre Bilder in den sozialen Medien zu teilen. Dabei verpassen sie durch das ständige Fotografieren aber, die Atmosphäre auf sich wirken zu lassen. Das Erlebnis zieht somit an ihnen vorbei, weil sie zu sehr darauf konzentriert sind, die Eindrücke für immer festzuhalten. Fotografieren, statt angucken ist die neue Devise.

Als sie auf der ersten Berghütte ankommen, ist es Zeit, den späten Nachmittag ausklingen zu lassen und das Nachtlager vorzubereiten. Fünfzehn Kanadische Dollar für einen Schlafplatz in der Berghütte oder das Zelt auf der großen Grasfläche vor der Hütte aufbauen. In dieser Jahreszeit kann es nachts immer noch furchtbar kalt in dieser Gegend werden, weshalb sie die Hütte bevorzugen. An diesem Nachmittag gibt es neben kleinen Snacks und warmen Getränken nette Begegnungen mit anderen Urlaubern.

Sie lernen Sven und Heike aus Schweden kennen, mit welchen sie erste Kontakte für ihre Europreise knüpfen können. Sven und Heike sind Anfang vierzig und kinderlos. Sie reisen mehrmals im Jahr. Elmira ist von der Wanderung ziemlich kaputt, obwohl Dr. Daniels sie über weite Strecken in einer Kraxe getragen hatte. Aber trotz der Müdigkeit genießt Elmira die natürliche Umgebung sichtlich. Sie tollt auf der Wiese umher und beobachtet neugierig Insekten auf den Pflanzen und im Boden. Das ist die beste Gelegenheit, um mit ihr gemeinsame Entdeckungen zu erleben. Als er sich zu ihr gesellt und Mina mal für sich allein ihr Buch lesen kann, bemerkt er, wie begeisterungsfähig seine kleine Tochter für die Natur ist. Ebenso wie er. Er holt sein digitales Mikroskop heraus und beobachtet mit Elmira in 1800-facher Vergrößerung die Ameisenkolonie bei der Arbeit. Eine faszinierende kleine Welt, direkt unter ihren Füßen. Die Ameisen scheinen miteinander zu kommunizieren. Sie scheinen sogar prosoziales Verhalten an den Tag zu legen, indem sie sich gegenseitig beim Schleppen von toten Insekten und

Baumaterialien für ihren Ameisenbau helfen, die viel größer und schwerer als sie selbst sind. Diese Beobachtungen schärfen sein Bewusstsein dafür, wie komplex das Lebens auf der Erde ist und wie viel tagtäglich um uns herum passiert, ohne dass wir Notiz davon nehmen. Diese gemeinsamen Erkundungen der Insektenwelt verbinden ihn und Elmira auf eine ganz eigene Art. So als ob etwas Urnatürliches in ihnen angesprochen wird. Besser als jedes Puzzle und jeder Spielplatz daheim in Chicago. In diesem Moment weiß er, dass diese Art zu leben, der richtige Lebensentwurf ist. Gedanklich ruft er in einem Moment der absoluten Zufriedenheit, einen stillen Dank an Mr. Sinner aus. Er ist unendlich glücklich darüber, sich nicht mehr selbst zu begrenzen und sich und Elmira somit wichtige Lebenseindrücke zu ermöglichen.

Als der Abend heranbricht, sitzt er mit Mina auf der Veranda der Hütte. Elmira schläft in eine Wolldecke eingepackt auf Minas Schoß. Hier draußen an der Bergluft hat sie so gut wie noch nie zuvor in den Schlaf gefunden. Als Dr. Daniels nach oben schaut, bemerkt er, wie glasklar hier oben die Sicht auf die Sterne ist. Zukünftig möchte er sich unbedingt mehr mit seinem Teleskop vertraut machen und es zu solchen Reisen mitnehmen. Auch wenn die sensible Ausrüstung eine besondere Herausforderung auf solchen Reisen darstellen wird, sollte sich bei der klaren Sicht auf allerlei Sterne, Planeten und galaktischer Nebel der Aufwand lohnen. Die unendliche Lichtverschmutzung Chicagos lässt einen solchen Blick daheim niemals zu.

◆◆◆

Zurück in Chicago hat Dr. Daniels das Gefühl, als Mensch gewachsen zu sein. Er ist ein besserer, mutigerer Vater geworden. Er hat seine persönlichen Grenzen erweitert und erfahren, was möglich ist und was noch nicht. Wobei nichts Bedeutsames während der Reise gescheitert ist. Außer, dass das kanadische Essen nicht seinem Geschmack entsprach.

Und sie sind als Familie noch enger zusammengewachsen. Außerhalb des Alltags lernt man sich als Paar und Familie kennen. Abseits von der Routine. Vor allem in außergewöhnlich schönen oder außergewöhnlich schwierigen Momenten. Gemeinsames Erleben verbindet. Selbst extrem herausfordernde und unangenehme Momente bieten später eine Geschichte, die man zu erzählen hat. Und unser Leben lebt von Narrativen. Man kann rückblickend über die Geschichte gemeinsam lachen oder weinen. Aber egal wie herum, es schafft eine Verbundenheit zwischen jenen, die sie gemeinsam erlebt haben. Man stärkt sein Bewusstsein für sich, sein Umfeld und für das Zusammenspiel der beiden.

Und Reisen bietet uns die Möglichkeit, nach der Rückkehr in Nostalgie zu schwelgen. Nostalgie belebt unseren Alltag mit intensiven und lebhaften Emotionen, die wir aus dem Erlebten in unsere Gegenwart transferieren können. Das stimmt Menschen optimistisch für die Zukunft und verschafft unserem Dasein somit einen tieferen Sinn.

Dieser Alltag ist bei Dr. Daniels nun wieder eingekehrt. In seiner Praxis hat er es heute mit einem Vater zu tun, dessen Tochter sich eigentlich bei ihm in der Psychotherapie befindet. Die Teenagerin leidet unter den extremen und ständigen Grenzüberschreitungen ihres Vaters, indem er sie herrisch und abwertend behandelt. So als ob sie ein Niemand in seinem Haus wäre, welches er ›mit seinen eigenen Händen gebaut‹ hatte. Der Vater, Mr. Lampert, ist ein großer, sportlicher Typ mit dunklen, kurzen Haaren. Er fällt durch sein enormes Anspruchsdenken auf. Es sei sein gutes Recht, zu jeder Zeit in jedes Zimmer seines Hauses zu marschieren. Ungeachtet dessen, dass er seine sechzehnjährige Tochter damit in schambesetzte Situationen bringt. Selbst wenn sie duscht, kommt er einfach in das Badezimmer, um auf die Toilette zu gehen. Wenn ihr das nicht gefalle, solle sie sich gefälligst ein eigenes Haus bauen und dort leben, sagt er ihr dann immer.

Nachdem Dr. Daniels mit Mr. Lampert fünfzig Minuten über die Bedeutung von persönlichen Grenzen und der damit verbundenen Achtung der eigenen Tochter gesprochen hatte und somit versuchte, ihn für die Situation des Teenagers zu sensibilisieren, schien es dennoch aussichtslos. Mr. Lampert hält an seiner querulantischen Haltung fest. Also entscheidet sich Dr. Daniels für eine gewagte, aber meist effektive Intervention, die er selbst die ›Affektinduzierende Abschiedsohrfeige‹ zu nennen pflegt. Schafft man es, sein Gegenüber in einen heftigen Gefühlszustand zu versetzen und ihn mit diesem zu verabschieden, kann man sich meist sicher sein, dass das eben Besprochene ihn in der Folgezeit gedanklich stark beschäftigen wird. Scham eignet sich dafür besonders gut, wie Dr. Daniels in der Vergangenheit beobachten konnte.

»Nun gut, Mr. Lampert. Ich sehe ein, dass es wichtig ist, sich in seinem eigenen Haus frei bewegen zu können. Und vermutlich haben Sie Recht, wenn Sie sagen, dass Ihre Tochter lernen muss, im Leben mit Autoritäten klarzukommen.«

Dr. Daniels zeigt sich einsichtig für die Haltung des Vaters, damit die geplante Strategie ihre volle Wirkung entfalten kann. Diese vorgespielte Einsicht ist wichtig. Mr. Lampert soll nämlich nicht das Gefühl bekommen, dass Dr. Daniels ihn mit der folgenden Geschichte lediglich umstimmen möchte, sondern er ihm diese beiläufig als Anekdote erzählt, die ihm durch das Thema in den Sinn kommt.

»Ich würde Ihnen gerne gleich einen Termin für Ihre Tochter mitgeben. Würden Sie ihr den übergeben?«

»Klar! Das kann ich tun, Herr Doktor!«

»Sollte der Termin nicht passen, soll sie mich am besten noch mal selbst anrufen. Ansonsten gehe ich davon aus, dass der Termin steht.«

Dr. Daniels begibt sich an seinen Schreibtisch. Während er in seinem Terminkalender nach einem Termin sucht, setzt er zur ›Affektinduzierenden Abschiedsohrfeige‹ an.

»Wissen Sie, Mr. Lampert, da fällt mir gerade eine kuriose Geschichte ein, wenn wir über verschlossene Türen in Häusern sprechen.«

»Für kuriose Geschichten habe ich immer Zeit.«
Neugierig lehnt sich Mr. Lampert nach vorne.

Dr. Daniels blättert weiter in seinem Terminkalender und erzählt weiter.

»Ich hatte mal eine Patientin, die mit ihrem Vater ein ganz ähnliches Problem hatte, wie Ihre Tochter mit Ihnen. Sie müsste vierzehn oder fünfzehn gewesen sein.«

»Ach, auch in dieser Diva-Phase, wie meine Tochter.«, sagt er lachend. Aber das Lachen sollte bald von einer Scham überrannt werden.

»Genau! Jedenfalls kam der Vater eines Tages, wie immer ohne an der Tür zu klopfen, in das Zimmer seiner Tochter, um sie zum Abendessen zu rufen. Schließlich war es sein Haus. Da sah er, wie sein ›kleines Mädchen‹ mit einem riesigen Dildo und mit weitgespreizten Beinen auf ihrem Bett masturbierte, während ein Hardcore Porno auf ihrem Laptop lief.«
In diesem Moment schaut Dr. Daniels Mr. Lampert lachend an, so als ob er ihm gerade einen Witz erzählte. Dabei ignoriert er das errötete Gesicht von Mr. Lampert, dessen Kopfkino anscheinend soeben begann.

Dr. Daniels erhebt sich von seinem Schreibtisch mit dem Termin, den er auf ein Bestellkärtchen notiert hat. Er gibt Mr. Lampert das Kärtchen und öffnet ihm die Tür zur Verabschiedung. Als sie sich an der Tür die Hände reichen, schaut Dr. Daniels den unbehaglich wirkenden Vater an und setzt mit einer gespielten nachdenklichen Miene zum Finale an.

»Aber wissen Sie, ganz so lustig war es eigentlich doch nicht. Es war ja schließlich höchst unangenehm für meine Patientin, aber wahrscheinlich auch für ihren Vater. Meine Patientin offenbarte mir im Gespräch danach nämlich, dass sich die Situation für sie seither so anfühlen würde, als sei sie von ihrem Vater sexuell missbraucht worden. Wohlwissend, dass er ja nur ins Zimmer platzte. Aber durch die Missachtung der persönlichen Grenzen in Verbindung mit dieser sexualisierten Situation, kam es bei ihr gefühlsmäßig wohl zu der Assoziation eines sexuellen Missbrauchs.«

Mr. Lampert wurde kreidebleich. Seine Miene war versteinert. Offenbar arbeitete die Geschichte schon jetzt heftig in seinem Kopf.

»Wie dem auch sei.« Dr. Daniels zuckte kurz mit den Schultern. »Ich wünsche Ihnen jetzt schon ein schönes Wochenende, Mr. Lampert. Morgen ist nämlich einer meiner freien Freitage, die ich mir seit Neuestem genehmige. Bleiben Sie gesund!« Dr. Daniels schüttelt mit einem zufriedenen Lächeln die nassfeuchte Hand des offensichtlich schockierten Vaters.

»Ihnen auch ein schönes Wochenende, Herr Doktor« Mr. Lampert meidet den Blickkontakt und wirkt gedanklich abwesend.

Eine Woche später berichtet die Patientin in der Therapiesitzung von neu aufgekommenen Konfliktsituationen mit ihrem Vater, Mr. Lampert. Beiläufig merkt sie an, dass ihr Vater aber seit Neuestem wenigstens an ihrem Zimmer und an der Badtür anklopfen würde.

»Irgendwie ist das komisch.«, sagt sie sichtlich irritiert über das Verhalten ihres Vaters. »Das hat er in sechzehn Jahren noch nie getan. Vielleicht besteht ja doch noch Hoffnung, dass er sich ändert.«

»Tja, wer weiß. Manchmal kommt da plötzlich eine Einsicht, die keiner vorhersehen kann.«

◆◆◆

Am nächsten Tag hat Dr. Daniels frei. Er hat sich heute vorgenommen, seine ständigen Verdauungsprobleme bei seinem Arzt des Vertrauens abklären zu lassen. Mehr körperliche Selbstfürsorge hat er sich als Aufgabe aus dem Urlaub in der Natur mit nach Hause genommen. Dazu gehört auch, wieder mehr Sport zu treiben und sich gesünder zu ernähren. Er ist sich sicher, dass dann auch die Verdauungsprobleme sowie die Bauch- und Rückenschmerzen der Geschichte angehören werden. Trotzdem soll ein medizinischer Check-up auf seinem Programm stehen. Seinen Jaguar lässt er schließlich auch immer vorschriftsmäßig einem Service unterziehen. Es ist Zeit, so liebevoll auch mit seinem Körper umzugehen. Er kann sich gar nicht erinnern, wann er das letzte Mal bei seinem Arzt war. Krank ist er fast nie. Dr. Daniels musste aber während des Urlaubs in Kanada einsehen, dass die Beschwerden die Lebensqualität stärker beeinträchtigen als bisher.

Einige Wochen später steht die Auswertung der Untersuchungsergebnisse an. Dr. Dougon, sein Hausarzt, betritt das Behandlungszimmer.

»Dr. Daniels! Wie fühlen Sie sich heute?«

»Ich kann nicht klagen, danke!«

»Sehr schön. Dann möchte ich mit Ihnen gerne Ihre Testergebnisse durchgehen.«

Dr. Dougon setzt sich vor ihn an seinen Schreibtisch, klickt mit der Maustaste einige Felder am Computer an und wirft dann einen Blick in die Patientenakte, die die Schwester ihm schon auf seinem Schreibtisch bereitgelegt hatte.

»Dr. Daniels, die bisherigen Ergebnisse konnten mir schon einen Hinweis bieten, was es mit ihren Verdauungsstörungen und Bauchschmerzen auf sich hat. Vielleicht ließe sich damit auch der Rückenschmerz anders erklären, als dass er ausschließlich auf das viele Sitzen zurückzuführen ist. Für meinen bisherigen Befund war das Blutbild, welches wir gemacht haben und die anschließende Computertomographie entscheidend.«

»So? Was haben Sie den herausgefunden?«

»Nun, Dr. Daniels!«, seine Stimme wirkt ernst. »Wissen Sie was ein Pankreaskarzinom ist?«

Sofort wird ihm warm und kalt zugleich. Er fühlt sich wie in einem luftleeren Raum. Sein gesamter Körper wird von einer Gefühlstaubheit durchzogen.

»Ja, das weiß ich, Dr. Dougon. Was wollen Sie mir damit sagen?«

»Wir müssen nach den aktuellen Ergebnissen davon ausgehen, dass sich ein Karzinom in ihrer Bauchspeicheldrüse gebildet hat. Um dem aber noch genauer auf den Grund zu gehen, müssen wir eine endoskopische Sonografie durchführen. Dann kann ich Genaueres sagen. Ich würde Ihnen einen schnellstmöglichen Termin einräumen, wenn Sie mit dieser Untersuchung einverstanden sind.«

Dr. Daniels weiß nicht wie ihm geschieht. Sofort hat

er Elmira und Mina im Kopf. Er würde nicht miterleben, wie Elmira groß werden würde. Mina müsste sie allein großziehen und sich finanziell allein durchschlagen. Tausend Gedanken gehen ihm durch den Kopf. Auch Mr. Sinner, der sein Leben in den vergangenen Monaten so positiv verändert hatte. Dessen Schicksal ihm gelehrt hatte, ein aktiveres Leben zu führen. Und er führt nun solch ein Leben. Und ihm gefiel solch ein Leben. Plötzlich holt ihn Dr. Dougon aus seinen Gedanken.

»Dr. Daniels?«

»Verzeihen Sie? Was noch mal?«

»Ob Sie der von mir empfohlenen Untersuchung zustimmen.«

»Natürlich. Danke, Doktor.«

»Schon gut! Haben Sie weitere Fragen oder Anmerkungen?«

Dr. Daniels schaut seinen Arzt resignierend an.

»Ich befürchte jetzt ist die Zeit, um mit meiner Frau und meiner Tochter schnellstmöglich Europa zu bereisen.«

Über den Autor

 Dr. phil. Petjo Bangeow wurde 1984 in Cottbus geboren. Er praktiziert als Kinder- und Jugendlichenpsychotherapeut in eigener Praxis und lehrt an der Fakultät für Soziale Arbeit der Brandenburgischen Technischen Universität Cottbus – Senftenberg.

Seit 2021 ist er Landesvorsitzender der Deutschen Psychotherapeuten Vereinigung in Brandenburg.

Zeitfracht Medien GmbH
Ferdinand-Jühlke-Straße 7
99095 Erfurt, Deutschland
produktsicherheit@kolibri360.de

Druck:
CPI Druckdienstleistungen GmbH
im Auftrag der
Zeitfracht Medien GmbH
Ein Unternehmen der Zeitfracht - Gruppe
Ferdinand-Jühlke-Str. 7
99095 Erfurt